少年讀中國系列

國之重器

鄭蔚 / 著

中華教育

寫在前面的話

　　親愛的少年朋友們，大家好！身處校園的你們，平日裏大多時候，可能都埋頭於繁忙的學業。儘管如此，相信你們也能通過各種渠道，感受到中國發展的蓬勃生機，體會到身為一個中國少年的責任和擔當。

　　歷史滄桑，一百年前的中國積貧積弱，飽受欺辱。就在這樣的黑暗中，中國共產黨誕生了，她猶如一盞明燈，照亮了中國的未來。一百年來，在中國共產黨的領導下，建立了偉大的新中國；在中國共產黨的領導下，改革開放從艱難起步到如火如荼；在中國共產黨的領導下，人民生活越來越幸福美好……

　　如今，中國特色社會主義已步入到了新時代，中國取得的偉大成就舉世矚目！少年朋友們，你們一定想知道，這一個個成就的取得，到底經歷了怎樣的奮鬥？每一位奮鬥者又付出了怎樣的艱苦努力吧？

　　「少年讀中國」這套書的出版，為的就是讓少年朋友們認識一個艱苦奮鬥的中國、一個無懼挑戰的中國、一個正努力實現偉大復興的中國。

　　這裏有跋涉在冰川雪峯，接受各種極端環境考驗，苦行僧似的科學家；

　　有我國第一代核潛艇總設計師在科研攻堅的道路上坎坷而無悔的人生；

　　有 2020 年 7 月發射的火星探測器總設計師的「探月」和「奔火」的故事；

　　有正駕駛着「奮鬥者號」深潛器遨遊在大洋深處的深潛器總設計師；

　　還有正為執行我國第一座空間站飛行任務而努力訓練的英雄太空人團隊……

這些為科學進步、社會發展、國家安全和人民幸福而嘔心瀝血，甚至流血犧牲的科學家、發明家和人民英雄，以及他們面臨的挑戰、付出的努力、遭遇的挫折、贏得的勝利、懷抱的夢想，都如此真實而令人感佩，一定會激勵你走向自己人生的正確方向。

少年時代，真的是一段十分重要的時光。在邁進 2020 年的門檻之後，少年朋友們，更應當以未來為己任，樹立遠大志向和高遠理想，用積極的、昂揚的、奮鬥的人生態度來面對困境，迎接挑戰。

少年強則中國強！

少年朋友們，一起努力吧！

目錄

1949 年的新中國開國大典上，尚在籌建中的中國人民解放軍空軍參加了閱兵式。萬眾歡騰中，9 架 P-51 型野馬戰鬥機、2 架蚊式轟炸機、3 架 C-46 型運輸機和 2 架 PT-19 型教練機、1 架 L-5 型聯絡機組成的受閱編隊飛過天安門廣場上空。

70 多年後的今天，中國載人航天工程開始邁入「空間站時代」。2019 年 9 月下旬，中華人民共和國成立 70 週年前夕，中共中央宣傳部、中共中央組織部等授予中國人民解放軍太空人羣體「最美奮鬥者」集體榮譽稱號。

太空人是怎麼煉成的？有多苦，有多難，又有多幸福？

2019 年盛夏的一天，在位於北京航天城的中國太空人大隊，太空人陳冬回憶起了在執行「神舟十一號」飛行任務時令他難忘的一幕。

他眉宇間充溢着幸福和豪邁：「那是 2016 年 11 月 9 日，習主席親自到載人航天工程指揮中心與我們天地通話。當時，指令長景海鵬和我正在做機械臂操作試驗，地面科技人員通知我們習主席來了！我們趕緊停下手頭上的工作。習主席親切地詢問我們身體狀況怎麼樣，生活怎麼樣，工作進展得順利嗎？視頻非常清晰。我至今記得習主席說：『希望你們再接再厲，密切配合，精心操作，圓滿地完成後續任務，祖國和人民盼望你們勝利歸來！』聽到習主席親切的話語，看到習主席熟悉的身影，我真是激動萬分，這次經歷令我永生難忘。」

「當時，我們的『天宮二號』大約距地球近 400 公里，但我真覺得我們離北京其實很近很近。」他說。

這太空中的 33 天，是陳冬一生中非同尋常的生命體驗。

太空人陳冬。

中國太空人科研訓練中心 供圖

從沒有坐過飛機的少年，立志衝上雲霄

每個人的青春，或許都會有若干次心靈被「震撼」的體驗。青春為何而「震撼」，很大程度上影響了此後的人生選擇、生命走向。

令陳冬難以忘懷的那次心靈震撼，是第一次跟隨教官坐初教 6 教練機升空。

「我是坐火車去長春飛行學院報到的。此前，我們一家人都沒有坐過飛機，我從來也沒有從空中俯瞰過大地。能衝上雲霄，一直是我的嚮往。」陳冬回憶說，「記得第一次升空是盛夏時節，從駕駛艙看下去，莊稼茂盛，魯中大地一片綠色。真是太震撼了！」

陳冬，1978 年 12 月出生於河南洛陽一個普通工人家庭，父母都在洛陽一家銅加工廠工作。陳家有兩兄弟，陳冬還有個哥哥。1997 年，陳冬參加高考，成績不錯，父母卻高興得有點沉重，因為大兒子已經在讀大二，家裏再供養一個大學生，即使再省吃儉用怕也難以負擔。

「父親陪我去濟南體檢，他就住在邊上價格最便宜的小旅

館裏，」陳冬的話語裏滿是對老父親的心疼，「等拿到飛行學院的錄取書，全家都很高興，這是免學費的，我也能上大學了。父母平時從來捨不得上飯館，這次破例全家去飯館慶祝了一下。」

和陳冬一起飛上太空的「神舟十一號」飛行乘組指令長景海鵬，和陳冬一樣都屬馬，年齡卻大了整整一輪，陳冬稱他為「景師兄」。

景海鵬是農家子弟，家有三兄妹，他是老大。兒時全家靠父母白天掙工分、晚上捆掃帚換錢養家。中學整整 6 年，景海鵬沒有吃過一次學校食堂，全靠家裏帶的饅頭和鹹菜，買不起湯，就喝白開水。夏天饅頭容易壞，他每週要回家兩趟取乾糧，沒有自行車，70 里地全靠走。

這就是景海鵬和陳冬人生的「起跑線」。這樣的「起跑線」，在有些人眼裏是自身再怎麼努力人生也不可能跑贏的。但就是這樣子的「起跑線」，讓他們兩個成為了從小就不怕吃苦的人！

「我非常幸運的是，中小學的班主任都特別好，」陳冬說，「小學 3 年級時，我很調皮。有一次學校給老師發了點菜，都

堆在小操場上。放學後，我和同學玩瘋了，跳上菜堆又打又鬧，糟踐了不少菜。等到老師聞聲趕來制止，我才知道闖大禍了。可班主任楊老師沒有罵我，而是温和地對我說，老師知道你是無意的，但這樣一來老師吃的菜就沒有了，以後凡事要為別人多想一想。在楊老師的『袒護』下，學校沒有處罰我，但她的話我一直記到現在。冬天，我的手凍得皸裂了大口子，她看到了，就心疼地把我的手捂在她的手心裏，就像我的母親一樣。」

陳冬的中學班主任姚老師就像一位兄長，喜歡帶學生們踢足球。原來陳冬和姚老師始終保持着聯繫，但 2010 年陳冬加入太空人大隊後，一直進行封閉式訓練，和好多老師同學都失去了聯繫。後來他才知道，2012 年，姚老師為此專門在《洛陽晚報》上發表了一篇文章《姚老師「想念你」》，令陳冬至今感動不已。

其實剛進飛行學院時，陳冬並不輕鬆。新兵訓練時，陳冬是班裏被子疊得最差的。有一次，疊好的被子被班長直接扔到走廊上，他還非常抵觸：「把被子疊成豆腐塊有必要嗎？」直到教導員找他談話：「看似疊被子，實際上是軍人意志和作風的

錘煉和養成！」他才把疊被子當作「從老百姓轉變為軍人的第一步」。

更嚴峻的是，體能考核他的成績又是倒數。1500 米跑達標是 5 分 10 秒，他跑了 7 分鐘，而 3 個月後必須通過新兵及格考試。當時每天早晨 6 點 30 分吹集合號，陳冬 6 點就起牀加練，腿上還要綁上沙袋，晚上熄燈後練俯臥撐，否則怎麼趕得上大夥啊。3 個月後，他的體能上去了，體重也掉了 20 斤。

陳冬這一屆飛行學員的淘汰率高達 70%，進校時 11 人，放完單飛再畢業時只剩 3 個了。2001 年，他拿到了殲擊機飛行與指揮專業畢業證書，以優異成績從飛行學院畢業，分配到駐紮在浙江嘉興的空軍某團，成為一名駕駛強 5 的強擊機飛行員。此後 11 年間，他累計飛行 1500 小時，2 次榮立三等功，成為飛行大隊長。

很多人不明白，強擊機飛行員和殲擊機飛行員有甚麼區別？

強擊機主要對地攻擊，必須儘可能貼地飛行；殲擊機主要是空對空作戰，必須飛得高。陳冬心裏一直不滿足，總想改飛殲擊機，飛得高點再高點。2003 年，楊利偉成為中國飛天第

一人；2005 年，費俊龍、聶海勝圓滿完成「神舟六號」任務。飛船可比飛機飛得高太多了！當陳冬聽說所有的太空人都是從戰鬥機飛行員中選拔的，他就有了當太空人的新夢想。

2009 年，陳冬正帶領飛行大隊在我國西北地區參加演習，團長給他打電話說，由於你們在外執行任務，這次第二批太空人選拔體檢，你們就不參加了。掛了電話，陳冬懊惱得連中午飯都吃不下。所幸的是，回到嘉興，上級通知他們集體參加補檢。

陳冬沒想到，他的面試官是楊利偉。楊利偉問他：「想成為太空人要面對更大的風險，付出更多，會照顧不了家庭，你會堅持嗎？」

陳冬毫不猶豫地回答：「我想成為太空人大隊的一員，成為中國飛得最高的人。為了實現夢想，我甘願為之付出。」

超載 8 個 G 的訓練，每年都必須達標

2010 年 5 月，陳冬和劉洋、王亞平等 7 名飛行員正式成為太空人大隊第二批學員。報到那天，曾代表祖國出征太空的太

空人在門口歡迎新隊員。能與心目中的英雄並肩戰鬥，陳冬非常振奮。

太空人的培訓是異常緊張而辛苦的。轉椅訓練主要是鍛煉人的前庭功能，中國載人航天工程太空人系統副總設計師、負責太空人選拔訓練的責任總師黃偉芬說：「有的人一轉就吐了，當然這樣的人就直接被淘汰了，不可能錄取。錄取的太空人都是有良好基礎的，但仍要通過專項訓練，進行保持和提高。」

「轉椅訓練是我的弱項，剛開始，每次轉完都會出冷汗，頭發暈。為了鍛煉前庭功能，我就買了一個可以旋轉的電腦椅，坐在上面，讓妻子一有空就推着我轉。」陳冬說。

狹小環境心理適應性訓練則是更艱難的考驗。太空人乘組被關在僅有 7 平方米的狹小密閉環境中，還要被「剝奪睡眠」72 小時。黃偉芬說：「72 小時不眠不休絕對『不輔助藥物』，但科技人員會密切監測太空人的各項生理指標，以確保太空人的健康不受損害。」

陳冬感到最大的困難就是克服睏倦，尤其是在第 3 天的凌晨四五點鐘，儘管腦子是清醒的，但眼皮免不了「打架」。好

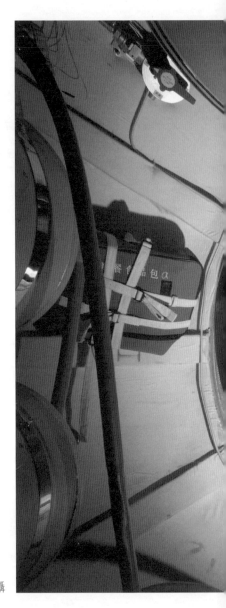

2016 年 9 月 20 日，景海鵬（右）、
陳冬在組合體模擬器中進行訓練。

徐 部 攝

在他們是 3 人乘組，大家輪流唱歌、講笑話，終於把所有的實驗和測試都進行到底了。

然而，最著名的是超重耐力適應性訓練，要求過載達到 8 個 G，即人體自重的 8 倍。

當進行 8 個 G 的超重耐力訓練時，你會覺得這 8 個 G 壓在你每一寸肌膚、每一個細胞上，甚至感覺你的臟器都臨時「位移」了，透不過氣來，你明明沒有哭，但淚水會不受控制地甩出去。

正是因為對身心的考驗極為嚴峻，所以在進行訓練時，太空人左手邊都設置了一個紅色按鈕，只要一按下它，過載立即下降。陳冬說：「我們都知道，只要按下按鈕，人馬上就舒服了，但夢想也終止了。所以迄今為止，沒有一個太空人按下過紅色按鈕。」

這是一支意志多麼頑強的隊伍啊！

如此「魔鬼式」的訓練，還不是跨進太空人大門的「門檻式」的考試，而是每年都必須通過的訓練！

難怪人們都說，飛行員與等身的黃金同值，而太空人與等身的鑽石同值。太空人的意志真的如金剛鑽一樣堅硬無比啊！

但如果認為太空人最大的挑戰就是體能訓練，就大錯特錯了。太空人的整個職業生涯是個持續不斷學習的過程，從基礎理論、航天環境適應性、航天專業技術、飛行程序和任務模擬、各種科學實驗，以及發射場的人 —— 船 —— 箭 —— 地聯合檢查等共有 8 大類、100 多個科目。而且太空人的所有操作必須絕對精確、萬無一失，比如，「神舟」飛船與「天宮」的手控交會對接，陳冬就進行了 1000 多次訓練。

「畢竟已經離開學校、參加工作 10 年了，要在很短時間裏掌握這麼多陌生的理論課難度很大，」陳冬說，「這對我們是非常嚴峻的考驗。那段時間，我們從未在晚上 12 點之前睡過覺，也沒有雙休日。太空人的教室裏出現過兩件趣事：一是大家都在教室後面站着上課，怕坐着上課犯睏；二是教室裏瀰漫着風油精的味道，把任課老師熏得特別精神。」

「神舟十一號」飛行任務，是我國載人航天工程實施以來飛行時間最長、太空人參與完成試驗內容最多的一次任務（直到被「神舟十二號」打破記錄）。在 33 天的飛行期間，他們參與的試／實驗多達 38 項，無論哪個試／實驗，他倆都要在地面反覆訓練，確保飛行期間獲得的試／實驗數據可靠、有效。

「堅信我們的科學家和飛行器，一定能把我們安全送回家」

2016 年 10 月 17 日，盼望了幾千個日日夜夜的時刻終於來臨了。凌晨 1 點多，陳冬起身開始做升空的各項準備工作。他和指令長景海鵬將駕乘「神舟十一號」飛船飛向太空。

從問天閣到發射塔架，大約四五公里，道路兩旁都是歡送的人羣。車內，兩位太空人唱起了《歌唱祖國》。

當年，「神舟五號」升空時，火箭拋掉頂端的逃逸塔之後，發動機、箭體之間產生的 8 赫茲左右的低頻振動，與人體內臟產生了令人難以承受的共振，整整 26 秒，人體耐受力幾乎瀕臨極限。

陳冬乘「長征二號 F 遙十一」火箭升空時，有沒有遭遇這樣的共振？

「完全沒有。經過航天科技人員攻關，『神舟六號』執行任務時，這種共振現象就已經消除了。我們乘坐的火箭起飛非常平穩，甚至感覺不到很大的震動，就像坐太空版『動車』一樣。直到拋整流罩時才感到有點震動，飛船立即沐浴在陽光

太空人景海鵬（左）和陳冬即將出發執行「神舟十一號」飛行任務。

裏，當陽光灑進舷窗，座艙一下子亮堂了。」當時，陳冬情不自禁地扭頭看了一下座位右側的舷窗，那是他期盼已久的美景：一半是太空，一半是藍白相間的地球，地球與太空相交之處是一道藍瑩瑩的弧線。

已經是三上太空的景海鵬問他：「爽嗎？」

陳冬脫口回答：「爽！」

初上太空，失重的體驗讓人新奇和興奮，但很快「空間運動病」接踵而來。因為失重，血液湧向頭部，頭暈腦脹，甚至眼睛都有點外凸。幸虧「景師兄」已有兩次太空飛行經驗，幫助他慢慢適應了失重感。

陳冬是我國太空人裏面首位第一次上太空就連續飛行33天的。很多關心太空人的人會問：「太空人晚上睡覺睡得踏實嗎？」陳冬剛上太空的時候，晚上睡得確實不太踏實。因為在太空，人其實站着、躺着、飄着是一樣的，睡覺是鑽進固定在艙壁上的睡袋裏站着睡，總覺得後背沒有躺在牀上的踏實感，感覺有點飄着睡。但後來他越睡越踏實了，一是白天工作很滿，人也適應了，很快就能睡着；二是知道即使睡着了，地面上飛控中心還有多少專家眼睛一刻也不眨地陪伴着他們啊。

在這 33 天裏，他們要做 38 項實驗，既是太空人，又是工程師、科學家、醫生、飼養員和農民等多面手。尤其是太空種菜的實驗，填補了我國在軌植物栽培技術領域的空白，為開展空間站更大規模、更高複雜度和更精確的受控生態生保系統技術驗證與在軌應用奠定了堅實的基礎。

看過電影《火星任務》的朋友曾問過陳冬：「您有沒有在『天宮二號』裏種馬鈴薯？」陳冬說：「因為時間有限，我們不可能像《火星任務》裏一樣種馬鈴薯，我們種的是生菜。」

在地球上種菜，出苗天經地義。但在失重環境下種植，怎樣才能出苗？怎樣才能提供合適的養分、水分？都是難題和挑戰。

早在地面的多次試驗中，陳冬他倆就認真摸索體會，根據對太空環境的充分了解，提出了很多寶貴建議，進行操作優化。這些建議對太空實驗非常寶貴。

在太空中的實驗終於開始了，在陳冬他倆的細心呵護下，生菜出苗了，越長越高，短短幾天裏就長到 10 多厘米高。在太空生長的生菜和吐絲成繭的蠶寶寶，吸引了全球很多青少年的目光。

太空人並不只是在太空艙養蠶種菜、做做實驗而已，這是個堪稱地球上最危險的職業。就在飛船返航前幾天，陳冬和景海鵬突然遭遇了話音通訊中斷故障。

「開始我呼叫飛控中心，沒有反應，我還以為不在通訊區。隔一會兒再呼叫，還是沒有反應，」陳冬說，「我們就在攝像頭前寫下『無線電通訊故障』，讓地面科技人員看到。在與地面聯手排故的 3 小時裏，我們在鏡頭前非常鎮定，還在手冊上空白頁寫了兩句話，『我們很好，請你們放心』，告知地面。同時，我倆一直在分析：是甚麼引起了故障？會不會引發其他故障？我們會不會提前返航？」

收聽不到地面指揮調度，太空人在太空中就像斷了線的風箏。景海鵬說：「最壞的打算，就是我們可能回不去了。」

這是直面生死的挑戰。

陳冬說：「我倆都相信我們的科學家和我們的飛行器，一定能把我們安全送回家。」

他倆還拿出牛肉乾和巧克力，故作輕鬆地面對攝像頭享用起來，以此告訴飛控中心：我們很鎮定，一定能排除故障。

黃偉芬說：「他們確實表現得很棒！非常鎮靜！整個排故

流程都是按照平時訓練來的，不慌不亂，有條不紊，一絲不苟。」

當語音通訊鏈路恢復，陳冬和景海鵬相視一笑。

其實，遭遇生死考驗的並不僅僅是他倆。

2008 年 9 月 27 日，「神舟七號」飛行任務中，太空人翟志剛剛開始出艙，突然傳來「軌道艙火災」的連續 3 遍急促的報警聲。劉伯明問翟志剛：「我們還出不出艙？」「神舟七號」任務的核心目標就是完成空間出艙活動，翟志剛非常堅定果斷地說：「出艙。」

原定的出艙程序是翟志剛出艙後先取回一塊固體潤滑材料的試驗模塊，再展示五星紅旗。面對特殊情況，3 位太空人決定臨時調整程序，先展示五星紅旗，再取試驗模塊。

16 點 45 分 17 秒，翟志剛在太空邁出第一步，成為第一位漫步太空的中國航天人。

翟志剛、劉伯明、景海鵬，當時都做好了再也回不來的犧牲準備。

所幸經過天地共同檢查確認判斷，這是真空環境下儀表發生的誤報警。

如今，在中國載人航天博物館二樓展廳，仍展示着那塊固體潤滑材料試驗模塊。

「特別能吃苦，特別能戰鬥，特別能攻關，特別能奉獻」，走進中國人民解放軍太空人大隊，最先映入眼簾的就是載人航天精神這四句話。

其實，不僅太空人大隊是個英雄的集體，所有太空人的家人也是這英雄集體的一員。

陳冬加入太空人大隊的第二年，他的妻子汪曉燕有了身孕，為了不讓丈夫分心，她獨自一人回到了老家浙江嘉興。每次孕檢，醫生都會用異樣的眼光打量她，然後既關心又奇怪地問：「你丈夫怎麼不來啊？」汪曉燕當然不能說丈夫在執行甚麼任務。

直到雙胞胎兒子俊宇、礫宇滿月後，參加完訓練的陳冬才匆匆趕回嘉興，妻子對他沒有一句責備的話。

陳冬總結說：「太空人家裏也有『4個特別』：特別能『扛』，家裏照顧老人孩子的事全靠另一半扛着；特別能『忍』，家裏有個小麻煩、自己生個病甚麼的，從來不跟我們說，全靠自己忍着；特別能『拖』，由於訓練日程排得特別滿，想全家人

太空人在進行失重水槽訓練。　　　中國太空人科研訓練中心 供圖

一塊兒逛個街、聚個餐，總是『下一次』；還有就是全家人特別『支持』，不僅父母、伴侶全力支持，孩子也特別懂事。」

陳冬在執行「神舟十一號」飛行任務時，太空人大隊安排了多次親屬通話。汪曉燕每次都問丈夫吃得好不好，習慣不習慣，說家裏老人孩子都好，由她照顧着，讓他放寬心。

俊宇和礫宇看到父親在太空艙裏能飄起來，還給他倆翻跟頭，感覺太空太神奇了。而且，這位經常不在家的父親原來好厲害啊！

而他們返回地球的經歷同樣驚心動魄，尤其是返回艙要以每秒 8 公里的速度穿越「黑障區」。

返回艙飛至距地面 100 公里高度後，逐步進入大氣層。陳冬說：「當返回艙高速闖入大氣層時，會產生上千攝氏度的高溫，並在返回艙周圍形成一個電離層，無線電通訊中斷了。通過舷窗，我先是看到火焰將飛船表面防燒蝕層點燃，剝落的紅色碎片密集飛過，很快將舷窗全部覆蓋變黑，但是還能感受到返回艙的發動機仍在工作。」

有航天愛好者問陳冬：「當初，楊利偉看到舷窗曾出現『裂紋』，這次你們有見到嗎？」

「其實那不是舷窗玻璃的裂紋，而是防燒蝕塗層的裂紋。經過科學家們的攻關，現在『裂紋』已經全部消除了。」陳冬說。

「穿過『黑障區』後最大的考驗是甚麼？」

「那是降落傘開傘之時。先是『轟』的一聲彈傘艙蓋，然後是引導傘、主傘先後有序打開，返回艙墜落的重力和主傘的上升力造成艙體劇烈晃動，就像大風浪裏的一葉小舟。雖然人晃得難受，但我好激動：主傘打開了，我們安全回家了！果然，一會兒返回艙就穩定了下來，直到它着陸時再次彈跳起來，我們立即發出指令切斷了降落傘，艙體立即停了下來，經過飛翔和烈焰，我們再次回到了祖國的大地，心裏無比踏實。」

那是 2016 年 11 月 18 日 13 時 59 分，內蒙古四子王旗航天着陸場。

更高更遠的太空，正在向他召喚

歷時 33 天，陳冬與景海鵬一起執行「神舟十一號」飛行任務，獲得圓滿成功。2016 年 12 月 26 日，中共中央、國務院、

中央軍委授予他「英雄太空人」榮譽稱號，並頒發「三級航天功勳獎章」。

2018 年 1 月，陳冬和他的太空人戰友們一起，被中共中央宣傳部授予「時代楷模」榮譽稱號。

2019 年年初，中國載人航天工程辦公室發佈消息稱，我國空間站飛行任務即將拉開序幕。建造空間站是我國載人航天工程「三步走」發展戰略中第三步的任務目標。

中國空間站核心艙計劃於 2020 年前後發射，全站預計於 2022 年建成並投入運營，設計壽命為 10 年，運行軌道高度為 340 公里至 450 公里，可容納 3 ～ 6 名太空人在軌工作生活。

目前，空間站核心艙和用於執行發射任務的「長征五號」新型運載火箭正在抓緊研製生產。執行空間站飛行任務的太空人也在按計劃參加選拔訓練。

很多關心陳冬的人都在問他：「您未來的目標是甚麼？」

他總是毫不猶豫地說：「儘快重返太空。我要為祖國飛出新的高度！」

更高更遠的太空，正在向他召喚！

編者注：2022 年 12 月 4 日 20 時 09 分，「神舟十四號」載人飛船返回艙在東風着陸場成功着陸，執行飛行任務的太空人陳冬、劉洋、蔡旭哲安全順利出艙，「神舟十四號」載人飛行任務取得圓滿成功。中國空間站在軌建造任務基本完成。陳冬又創造了一項紀錄，成為中國首位在軌時間突破 200 天的太空人。

　　偉大者善夢。夢想成真的國之重器，只能屬於善夢的偉大者！

　　我國從上世紀 50 年代中期開始謀劃運作研製核潛艇，歷經千辛萬苦，終於淬火成鋼。擔任第一代兩型核潛艇總設計師的黃旭華，為我國第一代核潛艇具備實戰能力做出了巨大貢獻。

　　2019 年 9 月下旬，中華人民共和國成立 70 週年前夕，中共中央總書記、國家主席、中央軍委主席習近平向中國船舶集團第七一九研究所名譽所長黃旭華頒授了「共和國勳章」。中共中央宣傳部、中共中央組織部等授予他「最美奮鬥者」榮譽稱號。

　　2020 年 1 月，黃旭華院士榮獲 2019 年度國家最高科學技術獎。

這是一場不同尋常的會見，讓人至今難以忘懷。

2017 年 11 月 17 日上午，中共中央總書記、國家主席、中央軍委主席習近平在人民大會堂親切會見參加全國精神文明建設表彰大會的代表和全國道德模範代表。習近平看到 93 歲的中國船舶集團第七一九研究所名譽所長黃旭華院士和 82 歲的貴州省遵義市播州區平正仡佬族鄉原草王壩村黨支部書記黃大發年事已高，站在代表們中間，就握住他們的手，請他們坐到自己身旁。這感人的一幕，通過電視傳遍了千家萬戶，溫暖了全國人民的心。

「習主席握着我的手和我聊天，我覺得他就像和家人說話一樣親切。」黃旭華說道。

黃旭華在大會上的激情發言，激起了全場一次又一次熱烈的掌聲。當得知他為了我國第一代核潛艇的建設隱姓埋名、30 年沒有回老家時，很多同志的眼睛濕潤了。

黃旭華走下講台，鮐背之年的著名電影表演藝術家田華激動地對他說：「您看，我雙手都紅了，是為您鼓掌鼓的！」

2018 年，正是我國核潛艇事業走過 60 年的日子。黃旭華為中國核潛艇事業貢獻了 60 年，他是我們共和國的英雄！

1988 年 4 月 30 日，深潛歸來的黃旭華（後排左一）與試驗隊員在湛江碼頭合影。

中國船舶集團第七一九研究所 供圖

一、深潛就是戰鬥力

1. 偉大者善夢

1988 年 4 月 20 日，中國核潛艇首次出海執行深潛任務。

深潛有多難？

曾任中國海軍核安全局副局長的楊連新講過美國「長尾鯊號」核潛艇沉沒的故事：

1963 年 4 月 9 日上午 8 時，美國大西洋西岸新罕布什爾州樸茨茅夫港，「長尾鯊號」攻擊型核潛艇啟航。它是當時世界上最先進的魚雷攻擊型核潛艇，其設計的下潛極限深度為 300 米。在「雲雀號」潛艇救援艦的保駕下，它將進行首次大修後的 300 米下潛試驗。

就像大多數海上的突發災難一樣，剛開始的時候，風平浪靜，一切正常。

在指定海域，艇長約翰·哈維中校充滿自信地下達了「下潛」的命令。9 時 02 分，「長尾鯊號」潛入 200 米深的溫躍層。溫躍層內海水的溫度和密度發生劇烈變化，「長尾鯊號」原本清晰的通話聲開始含混起來，「雲雀號」收聽到的水下電話變得斷斷續續。

我國人民海軍彈道導彈核潛艇英姿。　　　　　　　　鄭蔚 攝

7 分鐘之後，「長尾鯊號」發動機艙的一個冷卻管焊頭斷裂，發生泄漏。沒有了冷卻水，核反應堆迅速自動關機。核潛艇失去動力，開始下沉。哈維艇長立即命令自救，緊急啟動備用的常規電池動力系統，用壓縮空氣排出核潛艇水櫃內的壓艙水。「雲雀號」上的揚聲器裏，傳出了「長尾鯊號」上壓縮空氣全力噴射的「嘶嘶」聲。

9 時 15 分，「雲雀號」艦長緊張地通過水下電話詢問哈維中校：「你們還能不能控制住潛艇？」

無人應答。

1 分鐘後，「長尾鯊號」發出了遭遇嚴重危機的信號：900。又過了 1 分鐘，「雲雀號」接收到一條短語：「超過測試深度——」

9 時 19 分，「雲雀號」監測到了大海深處傳來的一陣具有高能內爆特性的低頻噪音，這是「長尾鯊號」留在世間的絕響。

大海不動聲色地關上了藏在深處的那道看不見的生命之門，迅疾而絕情，海面上風和日麗，波濤依舊。

11 時 04 分，美國海軍大西洋潛艇司令部收到一份來自「雲雀號」的報告：「『長尾鯊號』可能超過測試深度，潛艇爆

炸⋯⋯正在進行擴展搜索。」

次日上午，美國海軍作戰部長在五角大樓悲痛宣佈：「『長尾鯊號』沉沒，100多名艇員全部罹難。」

「為甚麼設施完備的專業潛艇救援艦就在邊上卻無法救援？」「長尾鯊號」深潛的悲劇似乎讓人難以相信。

在中國船舶集團第七一九所，曾在黃旭華領導下從事核潛艇設計的資深專家宋學斌張開雙手虎口比劃說：「我們計算過，在極限深度，核潛艇只要有這麼碗大一個破損，就難以救援了。」

水深每下降10米，就會增加一個大氣壓，極限深度之處就是幾十個大氣壓。巨大的壓力將海水通過破損處壓進潛艇，這力度遠大於核潛艇用高壓空氣將水艙中的海水排出的能力。

「長尾鯊號」至今仍沉睡在2300米深的海底。

「深潛才有戰鬥力。」黃旭華院士說。

二戰中，反潛一方從空中和海面搜尋敵方潛艇，主要靠可見光觀察和各種聲吶。而如今，搜索核潛艇的手段更多了：佈滿太空的間諜衛星，無時無刻不在窺視着大洋，核潛艇的紅外信號、尾跡信號，甚至是微弱的電場和磁場信號特徵等，都會

暴露水下核潛艇的蹤跡。

深海，甚至大洋深處的海溝，才是核潛艇最有效的安全屏障。只有深潛，才有隱蔽性；有了隱蔽性，才有安全性；有了安全性，才有突然性，才能令對手防不勝防、一擊制敵，令侵略者不敢進行戰爭冒險！

「300 米深，是上個世紀六七十年代核潛艇研製的世界水平，美國和蘇聯研製的核潛艇深度大都在這個深度上下。」黃旭華說。

而那時候，中國海軍尚以近海防禦戰略為主。而第一代魚雷攻擊型核潛艇主要的對手是誰？只能是來犯的敵水面艦艇及水下潛艇，甚至是來犯的敵戰略核潛艇。

來犯者潛多深，防禦者也必須潛多深。

「如果，你和來犯的核潛艇不在同一個深度，怎麼發現、鎖定和攻擊目標呢？」年逾八旬的老專家宋學斌說。

「雖然當年我們的科研力量和工業水平在今天回首看去都還是剛剛起步，但我們制定的第一代核潛艇設計目標並不低。」黃旭華說。

客觀地說，我國在六十年前要研製核潛艇，不僅當時國家

尚不具備基本的工業製造基礎，而且毫無研製核潛艇的科研技術儲備。而這個雄心，僅源自一個不能落後挨打、再被帝國主義侵略欺辱的民族夢想！

2.「深海同舟」

「1988 年我們進行了首次深潛，但我們不是到了上世紀 80 年代才想起來深潛的，早在我國第一代攻擊型核潛艇研製初期就有了深潛的目標。」黃旭華說，「我們設計時就提出，我國第一艘魚雷攻擊型核潛艇『401』艇應該既是試驗艇，又是戰鬥艇。」

1970 年 12 月 26 日，我國第一艘魚雷攻擊型核潛艇「401」艇在北方的一個半島上神祕下水了。

核潛艇艇首紮着一簇巨大的紅花；首水平舵上，八面紅旗一字排開，象徵着「八一」；毛澤東的畫像高懸在潛艇指揮台正上方；船塢的四周，擠滿了激動興奮的科研人員和造船廠的工人師傅。

核潛艇的下水方式與常規潛艇及普通船舶不同。常規潛艇的下水一般是在船台的斜坡上，將纜繩鬆開，潛艇會靠重力自

行滑下水去。而核潛艇則是在一個大廠房內基本建造完成後，讓其坐落在幾十台小車上，小車利用地面鋪設的鐵軌將核潛艇從大廠房運到船台，然後再從船台運到船塢的一個特大浮箱上，最後將浮箱灌滿水沉下去，裝滿水的船塢就穩穩地托起了核潛艇。

這艘舷號為「401」的核潛艇，全艇有設備、儀表等 2700 多項、5 萬多台／件；240 多種電纜的總長度超過 100 公里；270 多種不同規格的管道累計長度超過 30 多公里，全部由中國人自己研製，堪稱「中國智造」的先驅。

當天、當年，甚至此後十年，中國沒有任何一家媒體報道過此事。直到四十多年後，遮蔽在其身上的神祕帷幕，才掀開一角。

當年下水時，艇上核燃料尚未安裝就緒。

1971 年 8 月 17 日，周恩來總理親自批准核潛艇開始試航。

「核潛艇下水後，首先要進行繫泊、設備聯調、啟堆，完成繫泊試驗。繫泊試驗成功了，核潛艇才能出海，進行航行試驗。航行試驗的主要內容是核動力堆的性能以及核動力和應急

動力的轉換試驗，以及潛艇的操縱、導航、聲吶、武器等各個系統和噪音測試試驗，等等。」黃旭華說，「『401』艇下水以後，我們所的主要任務就是配合核潛艇總體建造廠和潛艇部隊解決試航、試驗中發現的一切問題，提出不斷完善的方案，力爭儘快完成該核潛艇的設計定型，使我們的核潛艇儘早形成戰鬥力。」

「我們三方經過 4 年的共同努力，完成了將近 600 次的核堆啟堆、提升功率、發電、主機試車等繫泊試驗，以及 20 多次、累計 6000 餘海里的出海航行，完成了水上、水下高速巡航 200 多次，不斷優化設計，終於在 1974 年『八一』建軍節這天，將『401』艇正式交付給海軍，編入人民海軍的戰鬥序列。」

黃旭華清楚地記得，海軍司令員肖勁光代表中央軍委宣佈了《第一艘核動力潛艇命名》的命令，首任艇長楊璽親手升起的「八一」軍旗，在碧海晴空中迎風招展。被命名為「長征一號」的「401」艇緩緩地駛離軍港碼頭，在眾人的注目禮中，潛入波濤之中。

人民海軍由此跨進了「核時代」。

「『401』艇解決了中國『有沒有』核潛艇的問題。但那時因

為受『文革』的影響，不少設備還達不到我們期待的水平，還有的設備可靠性比較差，」黃旭華說，「我們在後續的『402』、『403』艇上又不斷改進。到了上世紀 80 年代，我們的『404』艇終於可以向『極限深潛』這個目標衝刺了。」

時任「404」艇副艇長、退休前為海軍某潛艇基地副司令員的薛法玉回憶說，當年美國「長尾鯊號」深潛遇難的事大伙都知道，所以海軍和七一九所、核潛艇總體建造廠為這次深潛做了周全的準備工作，不但事先全面檢修設備，還為操縱系統、反應堆安全、生化、電氣設備等方面準備了 28 套 500 多條應急處置的預案。

他說：「黃旭華留給我的印象是文質彬彬，非常低調，一看就是知識分子，但他的工作非常嚴謹。比如，同一個設備，我們海軍的習慣說法和他們七一九所專家說的不一樣；同一個動作，核潛艇總體建造廠的師傅和我們海軍的叫法又不一樣。大家說的到底是甚麼意思，一定要弄清楚，千萬不能搞錯了。我們海軍把專家說的『通海閥』叫『注水弇』；我們海軍說的『通風閥』，就是專家說的『通氣閥』；要拉緊一根固定核潛艇的纜繩，船廠師傅用當地方言說是『帶緊』，我們海軍習慣說『收

緊纜繩』。這些語言上的區別，他都會在開會時一一問清楚，全都記在筆記本上，避免了來自五湖四海不同單位的同志在溝通時因為誤會而貽誤操作。」

「在深潛前的準備工作中，他要求把核潛艇的主要設備，如通海閥門、蒸汽管等八大系統的關鍵部位都掛上牌子，寫清楚這個設備正常情況下應該怎樣、應急情況下如何處置，海軍艇員是誰在操作，七一九所是誰在監控保駕，核潛艇總體建造廠是哪位師傅負責維修，都一目了然。」

但是準備工作越充分、越周全，大家的精神壓力也就越大。時任核潛艇總體建造廠廠長助理的王道桐說，他當時是船廠派到深潛現場的總負責人，船廠在深潛試驗前還為參加此次試驗的十幾位同志拍了「生死照」，以防萬一失敗做個「最後的留念」。而參加深潛的年輕艇員也一腔熱血，有幾十位甚至寫好了遺書。

艇員董福生在悄悄留下的給妻子的遺書中寫道：「嫁給軍人不容易，嫁給幹核潛艇的軍人更不容易，甚麼事情都可能發生。我不能陪你走完一生，一輩子欠你的情。希望你不要難過，把孩子帶好，再組織一個幸福的家庭……」他告別妻子，

但沒有告訴她去幹甚麼。勝利返航後，這封萬一深潛失敗才寄出的遺書就一直珍藏到如今。

「404」艇艇長王福山請黃旭華去幫助做艇員思想工作，緩解一下過分緊張的情緒。上艇後，黃旭華也感覺到氣氛有點沉重。他問艇長：「你們是怎麼做思想工作的？」艇長說，「我們強調這次任務光榮啊。」黃旭華說：「完了。你們老說『光榮』，這些小伙子會以為就是讓他們去『光榮』的。不怕犧牲是崇高品質，但我們深潛不是要他們去犧牲，是要完成任務，要拿到深潛的數據再回來。」

他當即對艇長說，「作為核潛艇的總設計師，我對核潛艇的感情就像父親對孩子一樣，不僅疼愛，而且相信它的品質是過硬的，我要跟你們一起下去深潛。」

核潛艇的總設計師親自參與深潛！這在世界上尚無先例，總設計師的職責裏也沒有這一項。很多領導得知後，都勸年已64歲的黃旭華不要親自參加深潛了。

可黃旭華堅持這麼做。他說：「首先我對它很有信心，但是，我擔心深潛時出現超出了我現在認知水平之外的問題；而且，萬一還有哪個環節疏漏了，我在下面可以及時協助艇長判

斷和處置。」

中國人有句形象地表達「生死與共」的成語，叫作「風雨同舟」。黃旭華的深潛，是現代版的「風雨同舟」，比甚麼都有說服力：別緊張，兄弟，咱核潛艇的總設計師和你「深海同舟」！

深潛的決心下定了，但黃旭華還必須得到另一半——他的妻子李世英的支持。當黃旭華把深潛決定告訴夫人時，其實他內心多少有幾分對妻子難言的愧疚。

和丈夫同在七一九所工作了幾十年的李世英，是一位懂俄語、英語、德語的專家，深知深潛的重要和風險。她面不改色地寬慰黃旭華說：「你當然要下去，否則將來你怎麼帶這支隊伍？我支持你。你下去，沒事的，我在家裏等你！」

這位身材瘦弱的女專家，讓人知道了甚麼叫愛侶間的「深明大義」，世界上真難以找到另一位在精神上更適合黃旭華的知識女性了。

那個大連海運學院畢業的高材生，當年在黃浦江畔遇見了英俊瀟灑的黃旭華，接過他送上的「定情禮」——兩塊手絹和一個筆記本，心房就立刻被幸福淹沒了。

黃旭華在又一艘核潛艇下水現場。

中國船舶集團第七一九研究所 供圖

3.「先例」成「傳統」

1988 年 4 月 20 日下午，南海碧波萬里。執行深潛任務的「404」艇駛離軍港，前往 200 多海里外的試驗海區。

極限深潛分兩個航次進行：21 日上午先進行了適應性預下潛，下潛至 193 米時起浮，潛艇一切正常；29 日上午 9 時，進行極限深潛，要求達到極限深度。

艇上共有本次試驗副指揮長、北海艦隊副參謀長王守仁和技術負責人黃旭華等 100 多位勇士。下潛不久，突然出現了水聲通訊不暢的問題。艇內氣氛頓時緊張起來，於是他們邊排除故障邊等待。

部隊有唱歌的傳統。為了緩解緊張的氣氛，這時有人唱起了《血染的風采》。在指揮艙二層的黃旭華笑着說：「這首歌我也喜歡，但現在唱太悲情。我們是去做試驗的，不是去犧牲的。我們要唱就唱《中國人民志願軍戰歌》，『雄赳赳，氣昂昂，跨過鴨綠江……』氣勢雄壯，充滿信心。」

上午 11 時，接到繼續下潛的命令，「404」艇如同一條鯨鯊向預定的深度潛去。薛法玉回憶說，從水深 200 多米開始，核潛艇的耐壓殼體受到深海越來越強的擠壓，有的艙門打不開

了，艇身還不時傳來「咔咔」的聲音。

這「咔咔」的聲音是從哪裏來的？黃旭華說，核潛艇通常是雙殼體的，外殼是非耐壓殼體，不會變形；而內層是非常堅固的耐壓殼體，耐壓殼體在海水的強壓下會發生變形。當潛艇的耐壓殼變形時，連接內外兩層殼體之間的結構件就會承受很大的拉力。如果焊縫有一絲不牢，就會被拉開；如果焊接得好，雖然焊縫沒有拉開，但結構件也會拉動整個外殼變形，同樣會發出在深海聽來令人驚悚的響聲。

薛法玉至今記得，深潛時，潛艇用於觀通的升降裝置固定支架被一點一點地壓彎了；而當潛艇從海底上升起浮至海面時，這鋼鐵做的固定支架竟然又一點一點地被拉直，可見極限深度的壓力有多大！

「一塊不到撲克牌大小的耐壓殼體上，要承受1噸多重的壓力。」黃旭華說，所以這「咔咔」的聲音在深海裏聽上去就格外「瘆人」！而且，有幾個艙室的填料函出現了滲水，能聽到「滴滴答答」的漏水聲。

核潛艇有沒有危險，還能不能繼續下潛？薛法玉記得黃旭華那時格外冷靜。黃旭華和艇上幾位領導一商量：核潛艇狀態

良好，沒有問題，繼續下潛！

保存在我國海軍某潛艇基地軍史館中的一段當年留下的影像資料，永遠留住了這歷史性的一刻——艇長王福山報告：「280 米到了！」當時已經是某潛艇基地司令員的楊璽沉穩地下令：「極限深度就快到了，咱們各個崗位認真操作，不要緊張，有點響聲是正常的。」

人們都問黃旭華：「您當時真的不緊張嗎？」

黃老笑了：「我當然也緊張，我要對全艇 100 多人的生命負責啊，我可能是艇上最緊張的人！但我不能讓人家看出我緊張，我一緊張別人就更緊張了。好在之前我們準備工作做得很充分，在每個艙室的關鍵崗位都有人盯着關鍵設備，每個關鍵部位都安上了記錄潛艇結構承壓變化的應變片。」

為穩妥起見，「404」艇再往下潛是每 5 米一停，各艙值班人員依次向指揮台報告：「報告指揮艙，一艙檢查機械設備、水密狀況，A！」

「A 是甚麼意思？」艇上有的領導不明白。

「別管它，沒事，可以繼續下潛！」黃旭華胸有成竹地說。

擔心潛艇萬一出問題，不良情緒會迅速蔓延，黃旭華事先

就讓報告人員在潛艇接近極限深度時，將一定範圍內的數值對應「A、B、C」這三個字母進行報告，「A」表示一切正常，可繼續下潛；「B」表示應力接近臨界值，應小心下潛；「C」則表明超過臨界值，必須停止下潛。

核潛艇的深潛為甚麼特別危險？它的深潛與常規潛艇的深潛有甚麼不同？

1965 年就到黃旭華的潛艇設計部門工作的資深專家黃慶德說，常規潛艇深潛到海底時，可以關閉動力設備，靠蓄電池供電，它沒有必須時刻與海水保持交換的通海部分。而核潛艇恰恰相反，核潛艇的動力是核反應堆，反應堆一旦啟動，除了戰時受損或故障停堆，是不能停的。現在的核反應堆壽命已經與核潛艇的壽命等同，加一次燃料棒，就可以工作到核潛艇退役。核潛艇的戰略威懾力也來源於此。因此，核潛艇的核反應堆是一刻不停運轉，也一刻不停地需要海水來降溫的。核潛艇即使坐在海牀上一動不動，它的通海部分依然必須對大海保持暢通，以進行海水交換。如果沒有海水持續不斷地為核反應堆降溫，就會釀成類似 2011 年日本福島核電站 1 號反應堆因無水降溫而發生爆炸的可怕事故。

　　這是核潛艇深潛最難的關鍵點。通海部分的波紋管更是核潛艇最「脆弱」的部分，雖然黃旭華他們已經通過精心設計使波紋管有足夠的強度，但真的潛到極限深度的海底，它還能不能經得住幾十個大氣壓的考驗？誰也沒有試過。

　　薛法玉說，大海深處的溫度和海水表面的溫度是不同的。當時海水表面的溫度在18℃左右，但深潛到極限深度時就只剩幾個攝氏度了。而且，大海深處的鹽度也是與大海表面不同的。這溫度和鹽度的不同，使得它對通海設備的壓力，以及帶來的金屬熱脹冷縮的收縮率也是不同的。始終不能關閉核潛艇的通海閥，這意味着核潛艇最堅固的耐壓殼體和最脆弱的通海設備要同時承受着前所未有的嚴峻考驗。

　　人民海軍每個核潛艇兵都是最了不起的人！

　　中午12時10分52秒，指揮艙裏深度計的指針顯示，核潛艇穩穩地潛到了極限深度，還略有超過。各艙值班艇員的報告聲依次響起，扣人心弦。

　　此時，艇體不再發出「咔咔」聲，幾處滲水處也並未加劇。核潛艇的耐壓殼體和通海系統安全可靠，全艇機械設備運轉正常，我國自行研製的第一代魚雷攻擊型核潛艇達到了設計

目標，符合實戰需要。

我國人民海軍潛艇史上一個深潛的最高紀錄誕生了。

「起浮！」指揮員一聲令下，核潛艇沉着地緩緩升向盛滿陽光的海面。

當水手長報告核潛艇已經重新回到水深 100 米時，艇上所有人的激情和興奮再也憋不住了，幾乎同時爆發出一陣足以掀起巨浪的歡呼！

恰好艇上的《快報》請黃旭華題字，激情澎湃的黃旭華一揮而就：

花甲痴翁，志探龍宮；驚濤駭浪，樂在其中。

七一九所的深潛隊長尤慶文按照黃旭華事先的佈置，在深潛中專門負責照看主循環系統的波紋管，他還抱着錄音機錄下艙室的聲音和下潛的指令。錄音顯示，深潛過程中耐壓殼體和結構件發出的「咔咔」聲達 11 次。

「回來後，我們根據錄音找到每一處發生『咔咔』變形的部位，分析它的成因，制定對策。」黃旭華說。

當深潛成功的喜訊傳回武漢的七一九所，外表始終平靜的李世英突然放聲大哭，釋放出壓在心頭已經太久的「幾十個大

氣壓」。

時隔 30 年，黃旭華講述妻子失聲大哭的往事時，依然淚眼婆娑。

「原來，她心頭的壓力比我還大。」黃旭華說。

原來，世間有一種「神仙眷侶」，不是不食人間煙火，而是同甘共苦、有難同當。

「404」艇和後續艇，成為我國第一代魚雷攻擊型核潛艇的定型艇。

從此，我國核潛艇的總設計師隨同首艇一起深潛，成了七一九所的「光榮傳統」。

後來也成為新一代核潛艇總設計師的宋學斌，年逾古稀還參加了新一代核潛艇的深潛試驗。

不久前，當黃旭華再次講述「深潛」這段往事時，將自己的人生都歸結到他當時寫的那首詩裏：「我的人生都概括在那首詩的兩個字裏了，一個是『痴』字，一個是『樂』字。60 年『痴』迷核潛艇，再艱難困苦也『樂』在其中，所以能百折不回。」

「痴」，是初心進入極致的狀態；「樂」，是一種無我之我的

大境界。在別人看來波瀾起伏、跌宕輝煌的人生，原來可以概括得如此簡單。

二、千錘百煉，方成國之重器

1.「當無名英雄？小事情！」

曾經承載着無數中國人厚望的「401」艇，如今靜靜地停泊在山東青島的中國海軍博物館碼頭上。海軍博物館館長康海東說，閱盡40多年的大海波濤，「401」艇已經卸去了武備和核堆，完成了光榮的歷史使命。

它是中國核潛艇事業的第一座里程碑。它是當之無愧的大國重器。

大國重器，無一不源於民族自尊自強的偉大夢想。若無強國夢想，何來在「一窮二白」的條件下咬着牙鑄就大國重器的血性！

時光回溯到六十多年前：1958年，中國核潛艇事業的元年。

就在那一年，時任上海船舶工業管理局設計二處潛艇科長

我國第一艘魚雷攻擊型核潛艇已光榮退役。　　　　　　　鄭蔚 攝

的黃旭華，突然接到去北京出差的通知。走進了海軍艦船修造部和第一機械工業部船舶工業管理局聯合組建的核潛艇總體設計組，他這才知道是「天字第一號」絕密工程選中了他，那年他 34 歲。當時整個設計組只有 29 人，分為船體、動力和電氣三個專業組。

黃旭華至今記得，報到時領導找他談話說了三條：一是「你被選中，說明黨和國家信任你」；二是「這項工作保密性強，這個工作領域進去了就出不來，即使將來萬一犯了錯誤，也不能離開，只能留在裏面打掃衛生，因為出來了就泄密了」；三是「一輩子出不了名，當無名英雄」。

黃旭華毫不猶豫。「一輩子出不了名，當無名英雄」，這與「黨和國家信任你」相比，算得上甚麼啊？當年，他加入地下黨，不就是無名英雄嗎？「黨和國家信任你」，是那個年代的年輕人最為看重的榮譽，更與黃旭華本人的特殊經歷分不開。

黃旭華生於 1924 年 2 月，是廣東海豐縣田墘鎮人，排行老三，原名黃紹強。父親黃樹穀與母親曾慎其都接受過西醫教育，以診所和藥房懸壺濟世。黃樹穀是內科醫生，而曾慎其是田墘鎮上有名的助產士。

黃旭華自幼記得，無數個夜晚，只要有人來敲門請母親去接生，母親總是放下一切拿起藥包就走。那時接生助產的費用，完全依產婦的家庭情況而定，給多少是多少。有些貧困家庭拿不出接生費的，她也從不計較，安慰產婦家人說：「沒關係，等孩子長大了，叫我一聲『義姆』（乾媽）就行。」就這樣，她老人家有了無數個「乾兒子」。1995 年，老人家享壽 102 歲仙逝時，有幾十個連黃家人都不認識的「乾兒子」前來戴孝送行。

黃樹穀先生在當地行醫助學，頗具聲望。日軍侵佔海豐後，想借助他的聲望，威逼他當維持會長，被一口回絕。一日本軍官氣得把指揮刀架在他的脖子上，嚇得邊上的孩子哇哇大哭。曾慎其見狀急中生智，趕緊拿出一疊錢塞給領路的漢奸。漢奸貪財，與日本鬼子嘀咕了一陣才惡狠狠地離去。

父親的愛國情操和剛毅品性，母親的慈愛和豁達，都深深影響了黃旭華。

少年的他，就參加了當地的民間抗日宣傳隊，在《不堪回首望平津》中扮演一名逃難的小姑娘。

「我們演得特別認真，台下看的人也很動情。演着演着，

台上台下就越來越激動，抓到漢奸後，台下無數的觀眾含着淚水一起高喊：『殺！殺！』那時我就想，長大了，我一定要為國家做一點事情。」黃旭華回憶說。

1938 年，黃旭華為了求學，翻山越嶺，整整步行 4 天才找到了為躲避日寇而搬遷到揭西山區的聿懷中學。但即便是在山區的草棚子裏上課，日機也常來偵察轟炸。日機一來，老師就拎起小黑板，領着學生鑽進甘蔗地或山洞裏。這從天而降的奪命炸彈，竟然是一個從小在漁耕社會長大的農村孩子最早見識的「現代化」！這樣的震驚、恐怖、無助和悲傷，哪個少年學子能忘得了？

1939 年夏天，黃旭華回到老家，正逢日機多次轟炸海豐。黃家的老屋就在海邊，黃旭華和他的兄弟妹妹站在屋頂上，一次次眼睜睜地看着天上日機五六架一羣，依次從空中俯衝下來，把停泊在海邊的一艘艘漁船炸毀。

這「現代化」的炸彈的衝擊波徹底顛覆了他的人生。父母原來指望他們聰穎的三兒子長大後子承父業，黃旭華也很想學醫。但此時的黃旭華卻改變了主意，他說：「學醫只能救人，我要救國。」

「我的人生，就是在日本飛機的轟炸聲裏決定的。」年已九十有四的黃旭華，一字一句地說。

黃旭華於是決定將自己的原名「紹強」留給自己的二哥使用，給自己起名為「旭華」，寓意為：「中華民族必定如旭日東升一般崛起，我要為中華民族的強大做貢獻。」

為求學來到廣西桂林後，他寫信告訴父親，自己將名字改為「旭華」。父親回信埋怨說，你們兄弟都是「紹」字輩的，你爺爺才是「華」字輩的，你怎麼能隨便改成爺爺這一輩的呢？

「我爺爺叫黃華昌，是個武秀才。國難當頭，他一定理解我『匹夫有責』的心情，我就不改回去了。」他說。

「國家興亡，匹夫有責」，在中華民族到了最危險的時候，還有甚麼比這更大的事情！

當年，那些駕駛着現代化的飛機在中國的城市和鄉村上空肆意投彈掃射、殺人無數的「大日本皇軍」，大概怎麼也想不到，他們原本以為用最現代化的殺人機器可以粉碎中國軍民的頑強抵抗和中華民族僅剩的尊嚴，卻讓中華民族自尊自強的信念更為堅定！

「當無名英雄，是小事情！」黃旭華風輕雲淡地說。

2.「騎驢找馬」

國無防不安。

上個世紀 50 年代，美蘇啟動了爭霸世界的戰車。1954 年 1 月，世界上第一艘核潛艇「鸚鵡螺號」在美國下水；1957 年 8 月，蘇聯的第一艘核潛艇「列寧共青團號」也下水首航，這意味着美蘇兩國不僅形成了陸海空三位一體的核戰略格局，而且具備了第二次核打擊能力。

別以為有了原子彈就是核大國，有了核潛艇才是真正的核大國。今天世界公認的五個領先的核大國中，英法已經宣佈放棄陸基和空基核武器，只擁有海基核武器 —— 核潛艇，作為核打擊和核反擊的大國重器。

1958 年 6 月 27 日，時任國務院副總理、中央原子能事業三人領導小組成員聶榮臻元帥向中共中央呈報了一份《關於開展研製導彈原子潛艇的報告》。兩天後，周恩來總理、鄧小平總書記分別對這份絕密文件進行了批示並呈送毛澤東主席。毛澤東簽批後，中國的核潛艇事業正式啟動。

鑒於當時中蘇兩國的關係，最初我國曾希望核潛艇事業也能得到蘇聯的支持和幫助。然而，無論是中方參觀蘇聯核潛

艇工程，還是請蘇聯提供核潛艇的技術援助等要求，都遭到了蘇方的漠視和回絕，蘇方還提出了「成立聯合艦隊」「在中國建立與蘇聯核潛艇通訊的長波電台」等一些中國領導人認為無法接受的建議，被激怒的毛澤東留下了穿越時空的名言：「核潛艇，一萬年也要搞出來！」

關於 1959 年秋天中蘇高層這次互不讓步的會談，赫魯曉夫在他名為《最後的遺囑》的回憶錄中寫道：「在我訪問中國期間，毛澤東曾經向我提出要幫助他們製造核潛艇，我對他這種異想天開只是一笑置之。」

赫魯曉夫先生當然可以對中國人的「異想天開」一笑置之，但中國人不，中國人從小學過一句成語叫「精誠所至，金石為開」。

更何況，中國人最初想造「兩彈一艇」也好，後來改為「兩彈一星」也罷，都是「逼上梁山」。

這「兩彈一艇」或者「兩彈一星」，都不是中國人發明的。1950 年，我國的放射化學家楊承宗回國前，法國傑出的科學家約里奧·居里對他說，「看見你要回國了，我有幾句話要告訴毛澤東主席。你們要保持和平，那麼你們必須反對原子彈。

你們要反對原子彈，必須自己要有原子彈。」

「同理，我們必須擁有核潛艇。我們只要還有一艘戰略核潛艇潛在海底，帝國主義就不敢按下核按鈕。」黃旭華說，「正是這個信念激勵着我們克服一切困難，一萬年太久，必須只爭朝夕地完成核潛艇的研製任務。」

如今已耄耋之年的上海核工程研究設計院技術顧問張維忠，半個世紀前就投身我國第一艘核潛艇核動力裝置的研製工作。他說，根據最新解密公佈的資料，上世紀 50 年代，蘇聯研製核潛艇其實也並不順利：先是陸上堆的堆芯嚴重故障；後來其核潛艇一回路部分因採用直流式蒸發器，在發生海水泄漏的情況下，所使用的不鏽鋼管被嚴重腐蝕，導致設備使用壽命僅為幾十分之一。這一問題直到 1978 年蘇方才最後解決，此前，蘇聯有關核潛艇一直不得不「帶病運行」。

由此可見，「核潛艇技術複雜」之說，也確實事出有因。核潛艇，對當時國家整體科技能力和製造水平都弱於蘇聯的中國來說，面臨的挑戰無疑更大。

更何況，當時中國人誰也沒有見過核潛艇。之前，黃旭華雖是上海船舶工業管理局的潛艇科長，但當時蘇聯交由我國

「轉造」的都是常規潛艇，而他在上海交通大學讀造船專業時學的是民船設計。

曾有人建議，將已經引進的蘇聯常規潛艇中間剖開，加一個核反應堆，但後來很快發現沒這麼簡單。「我們認為還是要從情報入手，從國外報刊資料的點點滴滴中尋找蛛絲馬跡，弄清核潛艇究竟是甚麼。」黃旭華於是提出了他的「騎驢找馬」理論：「我們沒有馬怎麼辦？那就先騎上身邊的驢子找起來！核潛艇在任何國家都是絕對機密，要在文獻中發現有價值的材料非常不容易。所以我說，我們找資料既要用『放大鏡』，沙裏淘金，追蹤線索；又要用『顯微鏡』，去粗取精，看清實質；更要用『照妖鏡』，鑒別真假，去偽存真。」

就在黃旭華他們艱難地摸索時，1960 年年中，蘇聯突然宣佈中斷對中國所有的技術援助，還撤回了全部專家。當時，我國國民經濟正遭受嚴重困難，中央軍委提出了「兩彈為主，導彈第一」的原則，中央又對國民經濟進行調整。在經過了長達 8 個月的極為慎重的反覆醞釀後，1963 年 3 月，中央對核潛艇做出了最後決策：在保留一部分核潛艇技術骨幹的同時，核潛艇的總體研製工作暫緩進行，習慣上說就是「下馬」。

「我當時聽到要『下馬』，心裏確實不好受。但我堅信中國不能沒有核潛艇，所以我們終有一天會重新『上馬』。好在我們也不是『馬放南山』，而是從原來的『快馬加鞭』變為『厲兵秣馬，下馬牽行』。」黃旭華說，「我們保留了一部分技術骨幹，繼續進行核潛艇關鍵技術的研究和突破。」

那時，國家進入生活困難時期，伙食很差，一個人一個月也只有 1 斤肉、3 兩油。大多數科研人員因營養不良而全身浮腫，而每個人的辦公費才 8 分錢。但即便如此，留下來的科研人員依然「不改其志」，啃着鹹菜窩窩頭搞科研。

「當時我們留下來的團隊中懂核的人很少，在『下馬牽行』的日子裏，核專家就給大家上課，反應堆物理、熱工、自動控制、動力裝置等，就是為了讓大家儘快摘掉『核文盲帽子』，等核潛艇重新上馬後可以快馬加鞭。」黃旭華說。

這段歷程重要嗎？重要的。人生和事業誰沒有個高峯低谷？落寞時更見人的意志和品性。

從沒有系統學習過核工業、沒見過核潛艇的黃旭華和他的同事們，甘坐冷板凳，拼命地汲取新知識。當歷史再次向他們伸來機遇之手的時候，黃旭華他們的胳膊更有力了，思路更活

躍了，胸懷也更寬廣了。

1964 年 1 月彭士祿、黃旭華被任命為國防部第七研究院第十五研究所副總工程師。

那年 10 月 16 日，我國第一顆原子彈爆炸成功。我國國民經濟也出現了全面好轉，核技術也逐步成熟，核潛艇的科研團隊得到了壯大。

1965 年的春天，對黃旭華來說，是七院副院長于笑虹將軍的一個電話帶來的。還在春節裏，于笑虹就讓黃旭華和他的同事錢凌白到他家商量工作。黃旭華向他匯報了核潛艇研製的最新進展，于笑虹將軍讓他倆代表第六機械工業部向中央起草一個核潛艇工程應儘快上馬的報告。

那年春暖花開的時節，周恩來總理主持召開第 11 次中央專委會議，正式批准核潛艇研製重新列入國家計劃。

於是，北方那個「荒涼的半島」上，原已停工多年的核潛艇總體建造廠重又熱火朝天地開始施工建設。中央決定成立七一九所，黃旭華和尤子平擔任副總工程師。而七一九所正與核潛艇總體建造廠隔山而居。

3. 水滴線型？水滴線型！

半個世紀前「荒涼的半島」，如今已是一座繁華的濱海都市。

開車從核潛艇總體建造廠出發，沿着濱海公路前往當年的七一九所。車過燈塔山，只見夕陽點燃了遠處海平線上的晚霞，絢爛無比，所有人精神為之一振。

「那時候，我們幾乎每天下廠。要是趕不上一天一班的小火車，就只能自己走着去。中間要翻過那座山，山上風忒大。當地人有句俏皮話：『咱這裏一年只颳兩場大風，颳一場就半年。』」黃旭華笑着回憶道。

年已古稀的柏喜林曾是核潛艇總裝建造廠的運行值班長，他回憶說：「那時每個人的糧食定量裏，一個月才 1 斤大米、2 斤白麵，其他都是粟米麵和帶着糠的高粱米。那高粱米還是陳糧，做成高粱米餅子吃上去又苦又澀。它顏色是黑紅色的，所以幾個南方來的師傅管叫它『豬肝』。」

曾在核潛艇總體建造廠擔任軍代表的楊連新至今記得，有一年春節將至，當地副食品商店門口喜洋洋地貼出一張大紅

紙，上書：「歡度春節，每人供應紅方一塊。」

「『紅方』是啥？東坡肉嗎？」現在的年輕人問。

楊連新搖搖頭：「醬豆腐。」

可見當時物資匱乏的程度已經超出了今人的想像。

但人的幸福感真的不是和物質水平畫等號的。冀維新是清華大學 1960 級讀了 6 年的工程物理系高材生，清華畢業就直接上島。有人問年已 77 歲的他：「清華畢業沒有留在北京，直接分到這荒僻的半島上，您是怎麼想的？」

「高興啊。我家裏條件不好，是拿着國家給的 18 元 5 角的助學金才讀完清華的。工程物理系學的是甚麼？就是核工業，所以我覺得專業很對口，是報效國家的機會來了。你可能想不到，當時我們廠裏還有很多高級幹部的孩子，連耿飆的兒子都在我們廠裏幹啊。」老人家爽朗地說。

那一代知識分子，說起自己能上清華，都歸功於「國家培養」。「我們畢業時最看重的是甚麼？是專業對不對口。最怕的是『專業不對口』，只要專業對口都好說。」他說。

「工業報國」，這是那個年代的工科生、理科生的理想。

「我們從進廠起就接受保密教育，對外不能說我們是核潛

艇總體建造廠的，只能說『保密廠』。只要你說出『保密廠』這三個字，別人就敬你一等。」

半個世紀前，黃旭華家住的那棟望海寺 903 小紅樓還在，唯一的不同是樓下牆上多了一條廣告：「望海寺紅房子漁家小院」。

當年，黃旭華家住三樓，推窗見海。

李世英說，那時候，黃旭華太忙了，所以無論是單位分白菜或取暖煤，還是換做飯用的煤氣罐，都是她和大女兒黃燕妮兩人「螞蟻搬家」似的一點點扛上去的。煤氣罐重，母女倆只能 4 隻手一起抬，走一個台階得歇一下，歇一下再上一個台階。仔細數數，雖說是 3 樓，也足有 30 多級台階。

「最艱難的是那次海城大地震，東北的 2 月份天還很冷，我一個人帶着女兒住在帳篷裏……」李世英說。

黃旭華在哪呢？他一直在忙着讓他揪心的事：

我國第一艘魚雷攻擊型核潛艇究竟採用甚麼線型？1966 年 1 月，七一九所繪製的第一張圖紙畫的仍是在役的蘇製常規動力潛艇的那種普通線型。但黃旭華一直鍾情於水滴線型。早在 1959 年至 1961 年，他就和錢凌白在上海交通大學、無錫

七〇二所的水池裏做過無數次試驗。雖然因為水池不夠大，試驗的大部分結果只能定性，還達不到定量分析的要求，但已經證明水滴線型具有明顯的優勢。

為甚麼水滴線型最好？

水滴線型核潛艇的設計靈感據說來自海豚，海豚是世界公認的海中游泳健將，牠每小時可以游 40 公里，短時間內的最高速度甚至可達上百公里。有資料說，兩艘噸位和動力相同的潛艇，如果一艘採用水滴線型，另一艘採用常規線型，前者在水下的航速要比後者快 16%。

「這是因為水滴線型的每個切面都是圓的，圓的周邊最短，與水的摩擦面積最小，所以水滴線型核潛艇在水下航行時，可以得到較高的航速和最好的穩定性；而常規潛艇因為經常要浮上海面充電，所以它採用和民船一樣的普通型線型比較合理，普通線型使它在海面航行時可以得到較快的航速和較好的操縱性。」黃旭華解釋說。

當年，美國是分三步走才實現從常規線型到水滴線型的過渡的，先造一艘水滴線型的常規動力潛艇「大青花魚號」，再造一艘常規線型的核潛艇「魟魚號」，最後造一艘水滴線型的核潛

艇「飛魚號」。「從技術創新的角度看，這樣確實比較穩妥。但美國人已經走過的路，我們還有必要重複嗎？就像偵察兵走了許多彎路，終於找到目標，我們還有必要重複他的彎路嗎？」黃旭華力主應當站在美國人的肩膀上直接上水滴線型。

而主張先採用普通線型的一方則認為，我們連普通線型的常規動力潛艇都沒有自主設計過，不妨先從普通線型入手，有了經驗再造水滴線型的核潛艇，這樣既能按時完成任務，也可規避可知的技術風險和不可知的政治風險。

第一代核潛艇的線型之爭最後傳到了聶榮臻元帥那裏。1966 年 12 月 7 日，聶帥召集會議，聽取雙方意見後拍板說：「（第一艘核潛艇）不要採用常規潛艇的艇型，要重新設計，不然搞得『兩不像』，既不像常規潛艇，又不像核潛艇。」

線型爭論終於塵埃落定，它成為「401」艇研製的七大技術攻關項目之一。

七一九所將這七大技術攻關項目稱為「七朵金花」。其餘的「六朵金花」是：核動力裝置 —— 提供水下長期航行的能力；大直徑、高強度的艇體結構 —— 核潛艇的使命大於常規潛艇，艙室和武器裝備也多於常規潛艇，因此核潛艇的直徑和排

水量也遠超常規潛艇，其艇體的結構強度必然大於常規潛艇；遠程大功率水聲系統——先敵發現的利器，通過主、被動聲吶在海洋的各種噪聲中先發現和鎖定敵方潛艇；魚雷／戰略導彈系統——對七一九所來說，主要負責保障實戰時潛艇的姿態控制及操縱性能；綜合空調系統——不僅是製冷，還包括製氧、有害氣體的吸收和清除、淨化過濾等功能，事關船員的生命保障；慣性導航系統——這是水下隱蔽航行、不依賴外界條件精確定位的保證。

這「七朵金花」，在當時都是尖端技術。黃旭華對同事說：「大家不要怕搞不了尖端技術。美國的北極星導彈和阿波羅登月飛船，用的大多數都是常規技術，尖端通常不過是常規的綜合或者提高。綜合就是創造，關鍵是怎麼綜合見高低！」

常規的綜合，就是創建一個新系統，而系統的功能大於元件。黃旭華已經在用系統論思想來激發創新攻關！

4. 都「豁出去了」

首艘核潛艇雖然選定了「水滴線型」，但黃旭華他們還真沒有親眼見過水滴線型的核潛艇是甚麼樣。

　　功夫不負有心人。那時，我國一對外交官夫婦在回國去機場的途中，在一家超市購物時偶然發現了幾個孩子在玩一個鐵灰色的核潛艇模型。外交官當然知道核潛艇是尖端武器，就買了一個帶回國給孩子玩。有關方面無意中聽說了有這麼個玩具，就把它要來送給了七一九所。

　　巧合的是，當時六機部的一個外事代表團在香港中轉時，也在一家商店中看見了一個核潛艇的玩具模型。六機部自然知道我國也在研製核潛艇，也果斷地買了模型轉送七一九所。

　　拿到模型的黃旭華喜出望外。「這兩個都是美國建造的世界上第一艘彈道導彈核潛艇『喬治・華盛頓號』的模型，大的那個導彈發射筒和各艙室還可裝可卸，做得很精緻。」黃旭華他們將這個模型反覆拆裝，測量、記錄、繪圖，結果證明他們之前對「401」艇的設計思路是正確的，這讓黃旭華的心裏更踏實了。

　　眼看「401」艇開建在即，黃旭華已經考慮到如此龐大的核潛艇艇體和如此繁多的各類設備，萬一裝不進怎麼辦、裝上了萬一不能維修怎麼辦？他和宋學斌商議，向當時的所長宋文榮提議，先用木頭建造一個與核潛艇大小 1：1 的實體模型，以

及早發現問題，改進設計，指導施工。

這個投資 300 萬元建造的「木核潛艇」，匯聚了上萬件設備和艙室的模型，幫助發現和解決了大量諸如總體佈置、設備安裝、管線走向、耐壓殼體上 1000 多個開孔及管道緊固件的位置等問題，核潛艇總體建造廠可以據此繪製全套的施工圖，核潛艇的總體施工設計和建造安裝一次成功有了保障。

但風雲突變，「文革」來襲。1966 年年底的一天，黃旭華正在北京的京西賓館參加核潛艇工程協調會，七一九所的「造反派」竟然衝進會場，將他押回單位進行批鬥。

「造反派」誣陷黃旭華在加入地下黨時做了「叛徒」。

黃旭華確實是交通大學的地下黨，「我剛入黨的時候，其實對黨的理解還很膚淺。」黃旭華說。

那時有一首來自解放區的歌《山那邊呦好地方》，黃旭華很喜歡，他經常組織「山茶社」的同學唱這首歌。不久，有個同學悄悄地問他：「你覺得共產黨怎麼樣？」黃旭華回答說：「好啊。『山那邊呦好地方，一片稻田黃又黃。你要吃飯得做工，沒人給你做牛羊。』『山那邊』沒有剝削壓迫，老百姓勤勞致富，人人有飯吃，當然好啊！」

這也許是對中國共產黨「為人民服務」的根本宗旨最樸素本真的理解吧。

黃旭華就這樣加入了地下黨。當時他們嚴守單線聯繫的紀律，所以即使在上海解放前夕英勇犧牲的學生黨員穆漢祥就住在他隔壁的宿舍，開始他也並不知情。

1949 年 4 月下旬，在國民黨從上海敗退前的大逮捕中，黃旭華機智脫險，而穆漢祥不幸被捕遇難。

「其實，國民黨大逮捕前 4 天，我們就得到消息，但躲了兩天後發現，怎麼沒有特務來抓人？後來才知道，是因為當局欠薪太多，特務拿不到錢罷工了，大逮捕也就推遲了幾天。特務衝進交通大學抓人的那晚，我剛要睡覺，就聽見外邊響起一陣陣機關槍聲，我一個激靈從牀上跳起來，高興壞了，我想『是解放軍打進來了』，就衝了出去，沒想到對面來人喊『不許動』，我這才反應過來，趕緊往回撤！」

機智的黃旭華沒有跑回自己的寢室，而是躲進了西齋一樓走道盡頭的公用洗手間。他聽見幾個特務在說：「三個寢室人都跑光了！」

過了一會兒，一個同學悄悄告訴他，三樓已經被特務搜查

過了，現在特務正換崗，樓梯口沒人，他可以躲到三樓去。黃旭華衝到三樓，見有一間宿舍的門開着，立即閃身進去。

第二天晚上，在地下黨的幫助下，黃旭華換上禮帽長衫，坐着交通大學總務長的車離開了被特務嚴密監控的交通大學。

而穆漢祥因擔心還有工作尚未交代，兩天後返回交通大學，不料被潛伏的特務抓住。他堅貞不屈，最後在龍華犧牲。

「上海一解放，我就和同學一起去龍華找被特務槍殺的穆漢祥的遺體。那裏，烈士的遺體很長一排，有幾十具，因為時間太長已經無法辨認了。」黃旭華沉痛地說，「聽說，後來是根據穆漢祥曾經在聲援同濟學生遊行時被國民黨騎兵用刀砍折了門牙這個特徵，才確認了他的遺體。」

穆漢祥的紀念碑至今仍矗立在上海交通大學徐匯校區的綠樹叢中。

而這次機智的脫險，卻成為黃旭華在「文革」中被審查批鬥的重點：「誰知道你是不是真的躲進了三樓一間宿舍而沒有被特務抓住？」

幸好真有人知道。出來證明黃旭華躲進那間宿舍的人，就是後來擔任全國人大常委會副祕書長的李鍾英。他也是地下

黨，他證明說：「黃旭華確實躲在我的房間裏，特務沒有抓到他。」

造反派無功而返，又理屈詞窮，對黃旭華無計可施，只能勒令他去養豬。

大女兒黃燕妮回憶說：「我爸下放養豬時，養豬場就一個灶頭一口大鍋。每天早晨炆一大鍋紅薯，像樣點的紅薯我爸挑出來自己當飯吃，剩下的就都餵豬。」

但如今，黃旭華說起往事，卻對當事人充滿了寬容和善意：「其實，他們中的大多數也不是壞人，只是當年被『四人幫』那一套洗腦了。他們中的不少人還是很同情我的，常有人偷偷跑到養豬場給我通風報信：『明天要批鬥你了，你不要緊張，就是說你甚麼事，你要有個思想準備。』」

弘毅而又寬厚，正是黃旭華的品格。

但「文革」帶來的混亂愈演愈烈，各地工廠和科研單位紛紛停工停產，送來的設備質量也無法保證，核潛艇的建造陷於停滯。

國防科委核潛艇工程辦公室負責人陳右銘和汪祖輝等同事商定，借鑒原子彈試驗時中央軍委下發《通知》的方式，起草

一個《特別公函》，上報了國防科委。國防科委副主任劉華清立即送呈聶榮臻元帥，聶帥當即以中央軍委名義簽發全國，強調建造核潛艇「是我們偉大領袖毛主席親自批准的一項重要的國防尖端技術項目」，要求各有關單位「以『只爭朝夕』的革命精神，保時間，保質量，圓滿完成任務，奪取『文化大革命』和科研生產的雙勝利」。

「正是這把『尚方寶劍』才保證了核潛艇建造的順利進行！」黃旭華說。

因為有這把「尚方寶劍」鎮着，造反派才不敢把所有的科研人員統統關進「牛棚」。更滑稽的是，當「401」艇遇到難題時，造反派的頭面人物也知道擔不起責任，只能跑到豬圈硬着頭皮來求教黃旭華。於是出現了荒唐的一幕：黃旭華在豬圈和設計室、建造廠之間來回跑，今天是「豬倌」，明天是「設計師」，後天又是「臭老九」，來回折騰。「401」艇的建造雖然磕磕絆絆，總算沒有停止。

多年後，聶帥的女兒聶力問父親：你當時為何如此大膽簽發這份《特別公函》？

身經百戰的老帥只吐了四個字：「豁出去了！」

三、讓彈道導彈「飛起來」

1. 總 Mx ÷ 總 G = Xg（船的縱向重心）

黃旭華還在交通大學求學時，辛一心老師就講過一個故事：美國麻省理工學院造船專業的學生畢業時，學校要給每人贈送一枚戒指，上面刻着一個公式：「I/ v」，「I」表示的是慣性矩；「v」指的是體積。它以此提醒學生造船第一要考慮的就是船舶的穩性。

在研製核潛艇時，黃旭華也給參研人員講了這個故事，然後總結說：我們核潛艇的穩性設計要保證「不翻、不沉、開得動」。但卻有人不以為然：「這不翻、不沉、開得動，誰不懂啊，還用說嗎？」

輕視常識的人，不幸的是他的底氣常常來自不知常識的輕重。我國造船業剛起步建造現代化軍艦時，就曾發生過新造的艦艇「頭重腳輕」，結果一下水就翻沉的事故。

更何況，這是造核潛艇。設計核潛艇與設計水面艦艇相比，有甚麼不同和特殊要求？

黃慶德是這樣解答的：

按照流體靜力學裏最基本的阿基米德原理，放在液體中的物體受到向上的浮力，其大小等於物體所排開的液體所受的重力。一般 5000 噸的船，它的排水量就是 5000 噸。如果它的體積沒有變化而自重增加了 500 噸，那麼船的吃水更深一點就解決了，排水量為 5500 噸，重量和浮力又達到了平衡。但潛艇和水面艦艇不同，潛艇的耐壓殼體是固定的，也就是艇體的浮容積是固定的。如果潛艇的前部超重了，潛艇就會艏傾；潛艇尾部過重，就會艉傾；側向的左右哪一面過重了，潛艇的穩性就會被破壞，造成側翻打滾。艏傾、艉傾和側傾過大，都會造成潛艇沉沒。

七一九所總工程師辦公室主任黃文華說，潛艇的設計是從潛艇在水中的懸浮狀態開始設計的，不是從它在水面的狀態開始設計的。懸浮狀態，就是潛艇的重力和浮力在水中得到平衡的狀態。如果浮力太大了，潛艇就潛不下去了；如果重力太大了，就可能即使把水艙的水都排空了它也浮不上來。只有重力和浮力得到平衡了，潛艇才取得了在水下的前後、左右和上下「六自由度」航行的能力。

這道理好像不太難懂，可設計起來絕非易事。首先，設

計師要算出潛艇的重心和浮心，重心和浮心兩者還必須縱向垂直。

黃慶德和黃文華繼續科普：

那怎麼才能算出潛艇的重心？那先要算出艇的力矩。已知：

G：潛艇上的每一塊鋼板或每台設備的重量

L_x ＝它與潛艇坐標原點的縱向距離

M ＝（M_x，M_y，M_z）力矩（單位：噸米）

那麼，算出縱向力矩的公式為：

$G \times L_x = M_x$（單位：噸米）

然後將所有的 G 和所有的 M_x 分別相加，就得到了總的 G 和總的 M_x，於是就能算出潛艇的縱向重心：

總 $M_x \div$ 總 G ＝ X_g（潛艇的縱向重心）

我們知道在一個二維的平面上要確定一個點的坐標，必須知道它在 x、y 軸上的數值，而潛艇的重心坐標則必須是三維立體的，所以它還有一個垂直方向的縱軸 z，所以：

總 $M_y \div$ 總 G ＝ Y_g（潛艇的橫向重心）

總 $M_z \div$ 總 G ＝ Z_g（潛艇的垂向重心）

同理，可以求得潛艇的浮心坐標 $(X_b，Y_b，Z_b)$。

一艘懸浮於水面下的潛艇，要保持其正常姿態，艇的重心和浮心位置，必定是位於一根垂直於水平面的鉛垂線上，即艇的重心和浮心的縱軸、橫軸坐標相等，垂向位置有一個高度差值，即：

$$X_g = X_b$$
$$Y_g = Y_b$$
$$Z_b - Z_g = \triangle$$

其中，$\triangle > 0$ 為一個設計值。

一般核潛艇有上萬個部件，包括鋼板、設備、管線。那時，設計人員沒日沒夜地用算盤算的就是這上萬個部件的加減乘除，從而確定整個潛艇的重心和浮心。錯了一個數值，潛艇的重心和浮心就全錯了。

更多的情況，不是他們算錯一個數值，而是配套廠家送來設備的重量、大小與原來訂貨時相距太遠，那就必須將所有數字都重算一遍。

僅此而已嗎？黃慶德說：「就連艇上一個艙配置幾名艇員，幾名艇員大致的體重，以及潛艇攜帶的淡水、食品等等，

都在計算範圍之內。」

算出船的重心和浮心後，還要看它倆是不是在同一條垂直於水平面的垂線上，如果相距太遠，則必須調整。

船的重心和浮心應該相距多少？這直接關係到潛艇的穩性。在「401」艇的穩性設計上，黃旭華提出控制在浮心之下一定的數值比較合適。如果小於這個數值，潛艇的穩性就差，危險性增大；如果大於這個數值，穩性固然更好，但以當時的設計、施工能力而言，難度又太大。

老專家錢凌白認為，黃旭華提出的這一數值的穩性值是實事求是、客觀科學的。他說，我國後來幾代核潛艇的穩性設計都比較好，均得益於黃旭華最初提出的穩性設計思想。

2. 45000 張祕密圖紙

由此可見，為甚麼核潛艇設計這麼難，而計算又如此繁重。

「現在有了計算機，只要把數字輸進去，一個軟件一下子都算好了。當時我們只有算盤和計算尺，後來才有了手搖計算器，」黃旭華說，「但是即使現在有計算機，最原始的數據錄

入，依然要人一個一個輸進去的，同樣一個數據都錯不得。」

當年只有算盤和計算尺的黃旭華他們，經常為得到一個正確數值而組織三組人馬同時計算：如果三組人的計算結果都一樣，那 OK，通過；只要三組數據有一個不同，就必須重算，必須算到三組人得出的是同一個數值。

計算之難，還因為設計時很多配套的設備尚未研製完成。更何況，「文革」導致的企業生產管理形同虛設，設備粗製濫造十分常見，一台設備運進廠裏，才發現原來說是七八百公斤的，現在 1 噸多重了。只要一個數值變化，所有的重心、力矩都要從頭算過。

黃旭華發現，核潛艇的重量和浮容積很難控制。沒等潛艇造完，在施工中很快就發現全艇總重量將超重近 200 噸，核潛艇面臨着超重、重心無法確定、無法平衡下潛的問題。

黃旭華找到所長宋文榮說，要解決好這個問題，必須問錢凌白。錢凌白少年時就參加了新四軍，也是老革命，1954 年留學蘇聯列寧格勒造船學院潛艇設計專業，是七一九所頂尖的技術骨幹。

黃旭華、尤子平和錢凌白反覆研究，並吸取了其他設計師

的意見，終於想出了控制潛艇的總重和穩性的多項措施。其中一條就是「斤斤計較」，採用最古老又最管用的辦法，在施工時，所有設備、管道、電纜上艇都要稱重備案，安裝完畢切下的邊角廢料、剩下的管道電纜拿下艇時也要過秤，並從總重量中扣除。

如今走進「401」艇，就會發現核動力艙的過道是舷側佈置的。而美、蘇核潛艇核動力艙的過道都在核島的上部，那為甚麼改用舷側佈置呢？

錢凌白說，最初我們也打算將過道設在上部，因為核潛艇採用的是兩次屏蔽，第一層屏蔽是核堆，第二層屏蔽是核動力艙的艙壁。為解決穩性問題，採用了舷側走道的方案，艇的穩性指標也相應得到了提高。

「401」艇最後總裝完畢，實測下來重心與原來的設計基本一致，海軍對此給予了很高的評價。

當年的老同事，至今非常懷念與黃旭華一起攻關的日子，感激他「還為我國的核潛艇事業帶出了一支隊伍」。

尊重每一位科研人員的貢獻，充分發掘大家的智慧，在智慧的「眾籌」中激蕩創新，是黃旭華的創新智慧。

　　著名報告文學作家祖慰在《赫赫而無名的人生》中對此做了精彩的描述：

　　每次開會，他提出個問題，像籃球教練裁判一樣，把球往上一拋，挑起兩隊激烈交鋒。

　　但是，他不像籃球裁判，老在那裏吹哨，懲罰犯規者，判定得分；不，他不「吹哨」，在創造性思維領域裏，無規則就是規則，無犯規一說。他希望雙方爭得越激烈越好，這樣，雙方的智能就能發揮到高峯值。他不判誰的這個意見對和那個意見錯，因為他只要一判得分，就一錘定音，爭不下去了。他只是聽着，像他平常聽貝多芬的交響樂一樣，凝神聽着。不，不是凝神，而是激越地聽着。他的臉上，保持着永恆的微笑，嚴守中立，內心卻處在高能激發態，自始至終投入激烈但又無聲的論戰。

　　這就是他與同事們組成的頭腦網絡的一種模式。憑這，他的大腦成為決策的終端輸出。他最後拍板，制訂出一個又一個的設計方案。他的拍板不是用「我的意見如何如何」來表達，而是一種新型的「網絡式」表達。他總把自己的意見與儘可能多的意見銜接起來，成了這樣的別出心裁的表

述式：

「根據某某的意見的啟示，我這樣想……」

「我贊成某某意見的某一提法，發展成了這樣的想法……」

「某某的批評意見告訴了我們不能做甚麼，或者說告訴我們能夠做甚麼的分寸……」

呵，每個人輸出的信息都與他的信息形成了網絡，每個人都在他拍板的定案中找到了自我，這就會激發出大家更多的熱情和更大的智慧。

每次拍板之後，他還要加幾句獨具個性的補白：「在沒有決定之前，大家說甚麼我都歡迎，罵幾聲都無妨。但是，一旦定了，我請求大家不要再動搖我的決心。幹對了，沒有說的；幹錯了，我當總師的承擔責任。」

黃旭華帶領七一九所的核潛艇設計專家團隊，從最初的方案論證開始，到方案設計 → 初步設計 → 技術設計 → 施工設計，他們總共畫了多少張圖紙？

「我知道他們七一九所的專家總共為『401』艇畫了45000張設計圖紙。如果把它們一張一張連接起來，大約有30公里

長！」行業的一位資深專家透露說。

45000 張祕密圖紙！

3.「千千萬萬普通人最偉大」

曾任核潛艇總體建造廠軍代表的楊連新說：第一代核潛艇上的每一塊鋼板、每一台設備的零部件都是中國原創原裝，使用的材料有 1300 多個規格品種，裝艇設備、儀器儀表多達 2600 多項、46000 多台件，電纜有 300 多種，各種管材有 270 多種。全國共有 2000 多家工廠、研究單位、大專院校、軍隊單位參與了核潛艇的研究、設計、試驗、試製和生產，涉及 24 個省、市、自治區和 21 個國家部委，其規模之大在中國造船史和軍工史上都是空前的。

核潛艇是中華民族聚合力的結晶，是這一民族聚合力創造的奇跡。

自核潛艇工程於 1965 年 3 月重新啟動，到 1970 年年底「401」艇下水，不過 5 年多時間。

黃旭華至今記得在「401」艇正式交付海軍的儀式上，錢學森激動地說：「毛主席說『核潛艇，一萬年也要搞出來』，現在

不是一萬年，不是一千年，不是一百年，也不是十年，我們就搞出來啦！」

　　坐在一旁的黃旭華百感交集。核潛艇是他的理想，1945年他因成績優異取得中央大學航空工程系保送資格，稍晚又接到上海交通大學造船工程系錄取通知書。從小的大海情結、工業救國的理想，讓他毅然選擇了上海交通大學。在交通大學求學期間，他加入地下黨，走上革命道路。在中國核潛艇事業的「元年」受命入列，3 年後海軍司令員肖勁光、政委蘇振華任命他為國防部第七研究院副總工程師，他內心十分感激組織的知遇之恩。

　　為了核潛艇，黃旭華三十年沒有回老家。這三十年，對父母而言，黃旭華只是一個會按月給他們寄生活費的神祕的北京信箱號碼。

　　「我的小學同學、中學同學、大學同學，從此都沒有聯繫了。此後三十年裏，他們不知道我，我也不知道他們。」黃旭華說。

　　1961 年 12 月，父親黃樹穀仙逝，黃旭華都沒能送父親最後一程。

「我心裏很難過，我也想回家去送送老父親。但我知道這項工作的保密紀律很嚴，雖然我知道如果我提出來，組織上是一定會批准讓我去的，但這會讓組織上為難。我身上帶的『密』太重大了，當時的研究任務又這麼重，我只能打消了這個念頭。」

停頓了一會兒，他說：「我忍着。」

三十年沒有回老家，他的 8 個兄弟姐妹難免對他有所埋怨。

1985 年 3 月，他的二哥黃紹振病逝，享年 65 歲。因工作繁忙，他也未能回老家相送。

直到 1987 年第一代核潛艇的保密程度出現了些微的鬆動，作家祖慰才在那年《文匯月刊》的第二期發表了長篇報告文學《赫赫而無名的人生》，講述了一位核潛艇總設計師為中國核潛艇事業隱姓埋名三十年的事跡。黃旭華把這期《文匯月刊》寄給了母親，這篇文章雖然全篇沒有提到「黃旭華」三個字，但寫了「他妻子李世英」，老母親知道這是她的三兒媳，文章尚未讀完，老人已經淚流滿面。讀罷，老人把其他的子女都叫到身邊說：「三哥正在為國家做大事情，你們從此不許說三哥的

不是。」

黃旭華的妹妹後來告訴三哥，此後，每當老母親想念老三了，就把這本《文匯月刊》拿出來反覆閱讀。每讀一次，都雙淚長流。

知子莫若母，母親為他深深自豪。

直到 1986 年 11 月出差到深圳大亞灣核電站，黃旭華才首次重回闊別三十年的廣東老家。母親已經從一位硬朗幹練的六旬大媽，成為白髮蒼蒼、望穿秋水的 93 歲老人。

黃旭華在廣東肇慶陪伴老母親 3 天後，即告辭回所。

「我母親 100 歲時，依然生活自理。我太太要為她洗衣服，她不讓。她每天洗衣、掃地、澆花，不讓家人插手。」黃旭華說。

1995 年，曾慎其老人享壽 102 歲去世。彌留之際，還對黃旭華的弟妹說：「三哥的事，大家要理解。」

每當說起鑄造國之重器的大師，如「兩彈一星」的元勛王淦昌、彭恆武、程開甲、郭永懷、朱光亞、鄧稼先、陳能寬……我們心中就充滿敬意。其實，為之付出犧牲的還有更多的普通人，就如黃旭華的父母兄妹，中國這樣的普通家庭何止

成千上萬！他們無名如沙礫、沉默若黃土、平凡似溪流，卻是哺育和支撐中華民族挺起的脊梁的血肉。誠如習總書記所言，「千千萬萬普通人最偉大」。

黃旭華說：「自古忠孝難以兩全。一個人對國家的忠，就是對父母的最大的孝。」

在老同事閔耀元的追悼會上，他失聲痛哭。別人問他為甚麼哭，他說閔耀元對第一代彈道導彈核潛艇的貢獻太大了。

我國第一代彈道導彈核潛艇在總體設計時，他們曾看到國外有一份資料說，為了在發射彈道導彈時保持艇體的穩定姿態，美國人在核潛艇上安裝了一個 65 噸的大陀螺。這到底是真是假？要增加這麼大一個傢伙，核潛艇就要增加一個艙室，黃旭華一時也拿不準，就把研究任務交給了閔耀元、陳源和沈鴻源團隊。經過他們翔實的科學論證，證明核潛艇根本不需要裝這個巨型陀螺。黃旭華說，當年如果沒有閔耀元他們的科學論證，我也不敢拍板。後來事實證明，美國戰略導彈核潛艇其實也沒有裝這個大陀螺。

陳源說，黃旭華是個對同事有真感情的人。所有當年一起石研究核潛艇的老同事的追悼會，無論甚麼職務、甚麼級別，

他這個中國工程院院士都去參加。

「大家都是一起苦過來，一起為核潛艇拼過的人啊！」黃旭華說。

4.「馭龍直上九重天」

彈道導彈核潛艇才真正是大國地位的象徵。

1988 年 9 月 25 日，我國第一艘彈道導彈核潛艇將潛射「巨浪 1」導彈。

核潛艇發射彈道導彈，人們首先想到的也許是導彈的飛行距離、分導突防能力、命中目標精度等等與導彈有關的問題。

但「巨浪 1」是潛射彈道導彈，它的發射與陸基彈道導彈「東風 5」的發射狀態截然不同。潛射彈道導彈自身重達幾十噸，發射時會對核潛艇產生甚麼影響？潛射導彈打得準不準，怎麼打，都離不開核潛艇性能的支撐。

「黃旭華關照我們：我們做核潛艇總體設計的，一切性能都要從滿足海軍的實際戰鬥需要出發。」宋學斌說。

潛射彈道導彈，對核潛艇是一個嚴峻的考驗。首先，準備階段，當核潛艇接到發射命令後，先要打開平時緊閉着的導彈

發射筒艙蓋。這時雖然艙蓋打開了，但必須保證海水不能灌進發射筒，必須有一層軟蓋將海水和導彈隔離，這層軟蓋必須足以承受海水的壓力，但又不能太厚，太厚了會增大彈道導彈出水的阻力。

其次，發射階段，這時候整個核潛艇必須保持前後左右的平衡狀態，艇身既不能艏傾也不能艉傾，否則「差之毫釐，失之千里」，發射時的穩態事關彈道導彈的精度。

三是發射後，核潛艇自身的平衡必須迅速恢復。一枚彈道導彈重達幾十噸，發射時雖然是二次點火，但用高壓燃氣將導彈推出發射筒時，仍會產生巨大的後坐力，同時海水瞬間就會灌入發射筒，核潛艇的重心和浮心瞬時發生極大變化，所以如果不能及時「補重」調整，核潛艇就有「失穩」的可能。一旦失穩，第二枚彈道導彈就無法及時發射了。

「我們必須根據海軍同志提出的要求，滿足核潛艇在最短的時間裏，恢復再次發射的能力。」黃旭華要求宋學斌說。

我們的彈道導彈核潛艇能否充分滿足實戰的發射需求？

黃旭華笑了，「海軍提出的發射『巨浪 1』的方式，我們核潛艇都能滿足。」

那天，在艇長杜永國指揮下，在指揮艙裏的機電長高德海將彈道導彈核潛艇穩穩地下潛至預定的發射深度。

發射時刻一到，杜永國一聲令下：「點火！」高德海傳令：「點火！」

導彈艙裏的發射手迅速按下發射按鈕。「巨浪1」裹着巨大的白色水霧從海中躍起，畫面極為壯觀。

杜永國通過潛望鏡觀測到「巨浪1」在空中二次點火，飛向藍天，「導彈出水，運行正常！」

「我們的『巨浪1』採用的是『水下發射，水上點火』的方式，當高壓燃氣將導彈推出水面時，我們艇上人員都聽到一聲轟響，艇輕微地震動一下，略微下沉，很快就恢復了平穩。」那時在核潛艇上參加技術保障任務的錢凌白回憶說，「大家都寬慰地舒了口氣。核潛艇輕輕地關上了發射筒蓋。」

「巨浪1」幾秒鐘後就消失了，藍天上只留下白色的尾跡。

彈道導彈核潛艇上的無線電兵不斷地向杜永國報告指揮部傳來的消息：「第一級發動機脫落」、「第二級發動機點火」、「第二級發動機脫落」、「測量船已經測到再入艙，飛行正常」、「再入艙正中指定目標！」

正在迅速駛離發射陣地的核潛艇裏一片歡騰！

「巨浪1」的研製成功，我國著名火箭專家、核潛艇彈道導彈運載火箭的總設計師黃緯祿居功至偉。

測試儀器顯示，核潛艇發射彈道導彈時，艇體在行駛中的位置偏差、搖擺角、升降角、偏航角都接近於零，艇體姿態近乎完美，證明了我國第一代彈道導彈核潛艇設計得非常科學，滿足了潛射彈道導彈的各項要求。

作為發射「巨浪1」試驗首區副指揮長的黃旭華，在祝捷大會上即席賦詩一首：

奮發圖強奇功堅，苦戰告捷喜開顏。騎鯨日游八萬里，馭龍直上九重天。

歷史將永遠記住這一刻：1988 年 9 月 15 日 14 時，我國戰略導彈核潛艇發射「巨浪1」潛地戰略導彈首獲成功。中國成為繼美、蘇、英、法四國之後，第五個擁有核潛艇水下發射運載火箭能力的國家。

中國海軍，自此成為一個戰略軍種！

黃旭華和他的彈道導彈核潛艇模型。　　　　　　　　鄭蔚 攝

四、出走一甲子，歸來仍如初見

如今，黃旭華獻身中國核潛艇事業整一個甲子了。

這一個甲子的時光，只夠黃旭華做一件事：為國家設計最好的核潛艇。黃旭華在核潛艇研製崗位上堅守了六十年，非常難能可貴。

如果說，我國核潛艇的第一任總設計師彭士祿領銜解決了中國核潛艇「有沒有」的問題，那麼，第二任總設計師黃旭華使中國核潛艇真正具備核反擊的實戰能力，使中國核潛艇成為大國的「定海神針」。

核潛艇是國之重器，為「鎮國之寶」。正如我國第三任核潛艇總設計師張金麟所說，只有建立起一支強大的核潛艇艦隊，使我國具備了陸、海、空「三位一體」的戰略核力量，才能大大提高我國在國際上的戰略地位。

今天，身為中國船舶集團第七一九所名譽所長的他，敬終如始，依然在為我國核潛艇事業的未來出謀劃策。

每天早晨，只要不外出開會，他都會出現在七一九所的家屬院裏，打一套兼具楊氏太極和陳氏太極特點的「太極長拳」。

上午上班時間，他會準時出現在他的辦公室裏。但他總是謙遜地說，現在，他只是新一代核潛艇研製團隊的「啦啦隊」，偶爾客串一下「場外指導」。

楊連新與黃旭華很熟悉。他說，這位總設計師是性情中人，感情豐富而細膩。2006 年，他去黃老辦公室，說起希望收藏黃老當年設計核潛艇時用的算盤。黃老用商量的口吻對他說：「這算盤是我老岳母送的，我先徵求一下她老人家的意見，再給你行嗎？」說到「老岳母」時，黃老眼含淚光。

半年後，黃老從武漢進京開會，特意帶來了這把刻着「旭華」兩字的算盤。他還在包裝算盤的大牛皮紙袋上親筆寫道：「核潛艇工程 1958 年開始探索直至 1965 年正式上馬使用過的算盤。」

作為第一代核潛艇總設計師的黃旭華，每次單位評技術職稱時他都不申報「高級工程師」，總是把機會和名額讓給下屬。直到 1988 年，上級都看不下去了，才指定同事代他申報高級工程師。外人有不相信的，問錢凌白是否真有此事，錢老說：「沒錯，黃院士的申報材料就是我代寫的。」

說起黃旭華的家庭，作家祖慰讚不絕口：他的家就如「人

間淨土」，真是太可愛了。黃旭華很有音樂天賦，會口琴、揚琴和小提琴，在繁忙的工作之餘，他們夫婦倆和三個女兒會一起開個家庭音樂會，精神生活非常豐富。有一年春節，年過半百的黃旭華和女兒們一起放鞭炮，黃旭華隨手拿個空罐子蓋在鞭炮上，鞭炮炸響，鐵罐一蹦老高，大女兒黃燕妮笑彎了腰：「爸爸，過了年就把你送到託兒所去！」

對別人稱頌他為「中國核潛艇之父」，他一概否認。說他「隱姓埋名」，他說：「我們這個行業隱姓埋名的專家太多了。」

時光荏苒，甲子滄桑。回首往事，黃旭華說：「我從中國核潛艇事業開創的第 1 年起，為他服務了 60 年，這讓我很自豪。」

他在「日本飛機的轟炸聲裏」鑄就的初心，依然未改。

正是這「轟炸聲」始終在提醒他「從哪兒來、往哪兒去」：唯有國家富強，人民的幸福才有保障。對他而言，這是再明白不過的道理。

「不忘初心，方得始終。」習近平總書記說，「中國共產黨人的初心和使命，就是為中國人民謀幸福，為中華民族謀復興。」

60 年來，正是這初心和使命，激勵着黃旭華痴迷核潛艇事業。任何艱難曲折都動搖不了他內心的定力，可謂堅忍不拔。

2019 年 10 月 1 日上午，在首都北京舉行的中華人民共和國成立 70 週年慶典上，黃旭華作為「共和國勳章」國家榮譽獲得者應邀登上天安門城樓。

他激動地說：「到天安門廣場親歷 70 週年閱兵現場，是我此行最大的心願。機會太難得了！所以，我一定要去！我是從事核潛艇研製的，我關注與核潛艇有關的所有武器。中國在 1964 年原子彈爆炸後，就發表聲明，絕不首先使用核武器。但是，不首先使用核武器，並不表示要把核武器放在那裏等着挨打。中國一定要擁有自己的核潛艇。站在天安門城樓上，我想了很多。我們研究核潛艇 60 多年，60 年過去彈指一揮間；中華人民共和國成立 70 週年，今天的祖國風華正茂，時代美好；我自己已經到了 95 歲的年紀，可總覺得還有很多事情想幹，對未來充滿希望。在閱兵現場，我最想看的大國重器都看到了，我很滿意，很放心！」

這就是黃旭華的家國情懷。

「國家也好，家國也罷，有國才有家。」黃旭華說。

這就是大國重器和它的設計師的故事。

都說中國核潛艇是「定海神針」。60 年過去了，核潛艇依然有很多不能言說的祕密。但是大海裏發生的故事，大海一定知道。

大海甚麼都知道。

梁曉庚：
隱形飛機來襲？
有我們的空空導彈恭候！

世界上最早的空空導彈不是中國人發明的。

當世界上第一代近距格鬥空空導彈已經正式列裝美國空軍時，我國人民空軍對甚麼是空空導彈還幾乎一無所知。

雖然戰機上的機炮仍不能廢止，但曾經的機炮時代永遠過去了。航空工業武器系統設計技術首席專家、空空導彈型號總設計師梁曉庚研究員說：「今天，沒有導彈的戰機，只能是和平鴿。只有裝備了先進導彈的戰機，才是戰鬥機。」

也許很多人想不到，世界上空空導彈第一次實戰是發生在中國領空：一架中國人民解放軍的殲 5 戰機被「響尾蛇」空空導彈擊落！我國飛行員王自重英勇犧牲。用生命的代價，我們才認識了空空導彈。沒有空空導彈，就沒有制空權。中國的航空工業人從此被逼上研製空空導彈的道路。

距那場「響尾蛇」首次亮出毒牙的空戰，已有 60 多年，今天的人民空軍是否已利箭在翼，足以守衛祖國的領空？萬一有他國戰機侵犯我國領空，我國人民空軍能否一擊命中？

梁曉庚說：「儘可放心。雖然未來的戰爭是雙方體系對體系的戰爭，但我們研製的空空導彈已經不比世界上性能最好的空空導彈差。世界一流的空空導彈，中國必須有！若有隱形飛機襲來，自有我中國製造的新型空空導彈恭候！」

「沒有先進的空空導彈，戰機就是和平鴿」

梁曉庚，1960 年 6 月出生於黃河邊上的孟縣。高中畢業時，他最大的理想其實是當一名治病救人的醫生，最想考的是第四軍醫大學。但梁曉庚的中學物理老師建議說，你是革命

梁曉庚與我國新型空空導彈在某試驗基地。　　　　　梁曉庚 供圖

家庭出身，為甚麼不投身國防工業呢？梁曉庚的父親 16 歲就到太行山抗日根據地當抗戰政府的祕書，很多親戚都是「老八路」。他轉念一想，對啊！就這樣選擇了西北工業大學，成為西工大恢復高考後的導彈飛行器控制專業第一屆本科生。

1982 年，梁曉庚畢業於西北工業大學導彈飛行器控制專業，參加工作後一直從事空空導彈研究工作。他曾先後參加並主持了多個國家重點項目的研發及相關配套設備的研製工作，獲中國專利 15 項、國家科技進步一等獎 1 項和部級成果獎 10 餘項。現為航空工業武器系統設計技術首席專家。

「我覺得自己非常幸運的是，一進單位，就感受到單位非常好的氛圍和傳統，那就是技術人員潛心鑽研專業技術，全院上下最尊敬的是技術權威。當時單位有兩位老專家，一位是研究紅外導引頭的張明，一位是研究引信戰鬥部的張蔭錫。兩位都沒有行政領導職務，但被推薦為全國人大代表，鼓勵我們年輕人以老專家為榜樣，這對我選擇沉下心來鑽研業務的影響非常大。」梁曉庚說。

要說起最初走上研製空空導彈路的歷程，梁曉庚最難忘的是航空工業人的艱辛。

「我平生第一次坐飛機乘的是伊爾 76。記得那天飛機上擠了 400 多人。因為是軍用運輸機，就是一個大機艙，也沒有座位，所有人一個挨一個坐在機艙地板上。飛機動力十足，『呼』地一下子起飛了，機艙裏的人倒下了一大片，慣性啊，根本就沒有安全帶。但因為是第一次坐飛機，我還是很難忘。」

研製導彈是必須去外場打靶的，能搭空軍運輸機的機會並不多。如果帶着導彈去靶場，那得坐幾天幾夜的火車。下了火車，還得坐長途車，在「搓板路」上再顛上整整一天。第一次到外場試驗基地，梁曉庚見識了甚麼叫「沙窩子」，就是在沙漠裏挖地三尺、只露出半個窗在地面的半地下建築，它的優點是能最大程度地降低防寒保暖的成本。試驗基地冬天的最低溫度可達 30℃，又沒有暖氣，所以只能靠純天然的地暖取暖。空空導彈仿真技術專家吳根水感歎地說：「那裏冬天只要一颳風，你就是穿着皮大衣，在露天也撐不了 20 分鐘。」

那時，到了冬天一旦大雪封路，就連後勤補給都成了難題，全靠當地老鄉賣些馬鈴薯、蘿蔔救急。

梁曉庚印象最深的是，有一年，大雪阻道，試驗隊沒吃的了，幸虧老鄉趕着輛毛驢車送來了蘿蔔、白菜。試驗隊的廚師

還偏偏看上了毛驢，請示隊長：「能不能把毛驢也買下來？」最後花了 300 多元買下了那頭毛驢，幫着試驗隊堅持到了最後完成任務。

梁曉庚說：「雖然我大學本科學的就是空空導彈控制，但直到進了單位後，才真正知道空空導彈對我們空軍有多重要。那時才知道王自重烈士是世界上第一個空空導彈的犧牲者，對我的刺激很大。」

史料記載，1958 年 9 月 24 日上午，配備了「響尾蛇」AIM9B 空空導彈的國民黨空軍的十多架 F86 噴氣式飛機，躥入浙江温州上空。解放軍海軍航空兵某部出動戰機迎戰，駕駛 3 號戰機的王自重，在戰鬥中與十多架敵機纏鬥時，不幸被「響尾蛇」射中。

其實，那時「響尾蛇」空空導彈的命中率並不高，只有 26%。這次空戰，多架 F86 總共發射了 5 枚「響尾蛇」。

「我們付出的巨大代價證實：沒有空空導彈，戰機就是和平鴿。現代化的空導彈大大改變了武器裝備與戰機的作戰效能關係。」梁曉庚分析道，「平台性能與整體作戰效能是線性關係，是一次方的；而機載航電系統（雷達和火控系統）與平台

是二次方關係，如航電系統性能提高 2 倍，戰機的作戰效能就能提高 4 倍；但導彈與作戰平台的關係是四次方關係，如果將導彈的性能提高一倍，戰機的整體作戰效能就能提高 16 倍。我們空軍現在已經裝備了現代化先進戰機，但如果沒有現代化的空空導彈，就難以將現代化戰機的作戰效能發揮到極致。而研製現代化的空空導彈，就是我們的使命！」

「新技術是闖出來的，也是拼出來的」

1982 年 6 月，以色列在貝卡谷地上空，用近距格鬥紅外導彈打出了 82 ：0 的戰績，令世界震驚。

「第一代空空導彈以美國的『響尾蛇』AIM9B 和蘇聯的 K13 為代表，採用的是電子管技術，主要用於攻擊亞音速轟炸機。因其紅外探測和機動能力等有限，AIM9B 僅具有尾後攻擊功能。空戰時，誰佔據了尾後攻擊區，誰就搶佔了先機。而第二代空空導彈以美國的『響尾蛇』AIM9D、蘇聯的『蚜蟲』P60 和法國的『瑪特拉』R550 為代表，採用的攻擊方式略有進步，為後半球攻擊，用於攻擊機動能力達 3 ～ 4 個 G 的轟炸機

等目標。美軍還有雷達制導的『麻雀』中距空空導彈。」梁曉庚介紹說。

上世紀 70 年代後期，第三代空空導彈登場，代表性的是美軍的「響尾蛇」AIM9L 和 AIM9M，具有在 3 ～ 5 公里之外迎頭攻擊的能力。這時電子產品走向成熟，導彈的探測靈敏度和跟蹤能力大大提高，能全向攻擊以 6 ～ 9 個 G 機動的高性能戰鬥機，俄羅斯的「射手」P73 也是這一代的產品。

從上個世紀八九十年代起，第四代空空導彈問世。美國代表性的型號是近距紅外格鬥導彈「響尾蛇」AIM9X 和中距攔射空空導彈 AIM120A/B/C。近距格鬥導彈採用紅外成像制導、小型捷聯慣導、氣動力／推力矢量複合控制，低阻／超大攻角等關鍵技術，能有效攻擊載機前方 ± 90° 的大機動目標，甚至可實現「越肩發射」，降低了戰鬥機空戰時佔位的要求。

為甚麼「越肩發射」在現代空戰中這麼重要？

「如果雙方是隱身戰機對決，一定是誰也不敢輕易打開雷達，因為打開就不隱身了，雙方直到相距 10 公里左右時才靠目視發現。因為隱身飛機通常都是超音速巡航，所以這 10 公

里的時間非常短，不會超過20秒，誰先用光電雷達鎖定對手、發射紅外格鬥空空導彈者勝。一旦雙方戰機擦身而過，有『越肩發射』功能的近距紅外格鬥導彈也會主動轉彎緊咬對手不放。」

但研製現代化的空空導彈談何容易，梁曉庚常說，「科技創新是拼出來的，不拼怎麼行？」

「某型空空導彈是跨代產品，最初我們也希望能通過合作的方式發展得快一點，但當我們去找了國際上實力領先的同行，提出『越肩發射、大攻角飛行、抗大過載』這3條技術標準時，對方雙手一攤說，『這3條別說你們做不到，我們也只能做到1條』。」

梁曉庚說：「這讓我們意識到，之前我們研發中遇到難題，還能向國外學習；但如今對外學習已經學到『天花板』了。要打破這個尖端技術的『天花板』，只有靠我們自己去闖、去拼了。」

空空導彈的研製從預研開始，到方案、初樣、試樣、定型，有着嚴格的流程。

空空導彈的試驗特別難。一輛車試驗中出了問題，可以

當場在車上排查出故障原因；而一枚導彈打出去往往就找不到了，即使找到了它也摔成殘骸了。對此，梁曉庚就提出了用降落傘回收試驗彈的設想，這樣萬一試驗彈發生故障，就比較容易查找故障原因了。

這一招不久後果然派上了用場。有一枚試驗彈發射後，發生了故障。打開用降落傘回收完好的彈體一查，當場就找到了原因。「如果彈體不能回收，不知要多花多少時間故障才能『歸零』呢。」某型空空導彈總體性能主任設計師謝永強說。

「梁總設計師的特點是敢於創新，他新點子特別多。」航空工業特級技術專家賈曉洪說，「在某型導彈研製已進行到試樣階段時，用戶提出了新的抗干擾技術要求。別人也許會找理由推脫，而梁總設計師敢於擔當，他對我們說：『我們交給部隊的，必須是好用管用能打仗的產品。』他帶領大家又埋頭攻關了 3 年，終於使這款產品具備了全程抗干擾能力。」

導彈的伺服系統性能決定着導彈飛行的機動性。某型空空導彈伺服系統主任設計師何衛國說，在該型導彈研製中，為了提高導彈的機動性，梁曉庚提出必須將模擬有刷電機升級為數字無刷電機。「當時我們對『數字無刷電機』一無所知，而對模

擬有刷電機的預研已進行了 10 年。有關負責人不同意推倒重來，而梁總設計師堅持說，技術不升級，產品就不可能換代，再難也要升級換代。他直接找到單位領導，闡述了自己的技術方案。在單位領導的支持下，經過艱辛的研發，終於拿下了數字無刷電機，實現了這款導彈的高度機動性。」

我們研製的空空導彈的機動性究竟如何？

「在最先進的飛行抗荷服幫助下，人體可承受的最大過載是 12 個 G。我們現在的空空導彈的抗過載要求非常大，機動性、敏捷性是飛機的機動性和敏捷性的好幾倍，被我們的導彈盯上，它怎麼跑得了？！」梁曉庚滿臉自信。

「科學認知有個過程，總師就是承擔責任的」

在射程百公里以上的中距空空導彈越來越成熟的當下，是不是近距格鬥空空導彈已經沒有太大的實戰價值了？

「恰恰相反。」梁曉庚說，「在雙方沒有很強的電磁干擾、雙方飛機都不隱身的情況下，可能彼此遠在 100 公里、200 公里以外都發現了，發射的是雷達制導的中距空空導彈；而在高

機動、立體化、高隱身、複雜電磁環境的空中戰場上，雙方
戰機突然遭遇的可能性反而加大了，因為彼此都會擔心自己雷
達開機早了，就會過早地暴露目標，被對方的中距導彈幹掉，
所以遲遲不敢開機。雙方飛機可能在 10 公里左右時才互相發
現，那時近距格鬥空空導彈才是奪取制空權的利器。」

　　而相對彈體 200 公斤級的中距空空導彈，彈體只有 100 公
斤級的近距格鬥空空導彈，無疑有着特殊的研製難度。「一枚
空空導彈應有的導引、控制、引戰、推進等系統一樣也不能
少，但必須更小、更輕、更敏捷。」梁曉庚說。

　　如果說「失敗是成功之母」，那不怕失敗就是成功之父。
梁曉庚不怕試驗出問題，即使試驗失敗了，也從沒愁眉苦臉
過。他總是說，科學認知有個過程，失敗是正常的。不然怎麼
暴露問題？即使出了問題他也不怨別人，他的口頭禪是，「責
任在我，總師就是承擔責任的」。

　　其實，在梁曉庚看來，總師不僅是來承擔責任的，而且關
鍵時刻是用來「身先士卒」的。

　　有一次空空導彈打靶試驗，眼看着導彈與靶機擦肩而過，
近炸引信卻沒有引爆戰鬥部。

在監測儀器的跟蹤下，這枚導彈飛行了幾十公里，扎進了沙漠裏的一片原始梭梭林中。「那片梭梭林很密，10米之外就見不到人了。但萬幸的是導彈被我們找到了，可導彈斷成了三截。」空空導彈導引技術專家付奎生說，「導彈最關鍵的戰鬥部件扎進了沙漠裏有半米多深，這時導彈已經解除了保險，隨時可能引爆。梁總設計師卻堅持要把導彈挖出來，他讓我們都撤到安全地帶，自己帶把鐵鍬開始挖導彈。」

導彈是挖出來了，但因為彈體已經變形，無法正常打開。梁曉庚決定使用爆破用的切割索將它炸開。第一次爆破，導彈的殼體只切割開了一半；再一次爆破，殼體是切開了，但引爆雷管的3根導線卻炸斷了1根，這更危險了。哪怕一點點靜電都有可能將它引爆！

作為總設計師，沒有人比梁曉庚更了解導彈戰鬥部件裏高爆炸藥的厲害。他說過：「我們的靶機是用某型戰鬥機改建的，號稱『靶堅強』，但我們的導彈一枚就能將它打折、擊落。」

可在這真正危險的時刻，他就像排爆手一樣果斷地將另2根導線也剪斷，去掉導線的絕緣層後利索地將3根導線綁在一

起，解除了意外引爆的危險。

「你覺得自己比『靶堅強』還堅強嗎？」這不能不令人覺得他太冒險。

「拆了才能儘快找到故障原因。」他簡潔地回答。

「總設計師就是管技術的，凡是技術問題對我來說都是原則問題，決不能含糊。」他就是這麼個總設計師。

在研製某型空空導彈時，他對傳統的控制方式提出異議，但大多數人認為出問題的概率很低，仍堅持採用傳統的控制方式，他堅持保留意見。試驗時，被他不幸而言中。「為甚麼小概率事件發生的可能性很大？這就是墨菲定律，」梁曉庚認為自己的堅持是有科學根據的，「任何一件事如果有兩種選擇，其中一種將導致災難，則必定會發生。」

「梁總設計師平時待人沒有架子，但工作起來絕對嚴實，沒有任何含糊。」曾負責空空導彈工藝技術管理的郭曉楠說。

有一次，梁曉庚應邀參加某型導彈的技術評審。按設計原則，應當是先做導彈的低溫試驗，再做高溫試驗。但在做低溫試驗時，出現了問題。研製人員找不出故障原因，就改為先做高溫試驗，再做低溫試驗，竟然成功了。梁曉庚知情後，毫

不客氣地拍了桌子：「導彈先做低溫試驗是有科學根據的，它隨載機升空，最先經受的就是低溫考驗，長時間飛行後溫度升高，再經受高溫考驗，這怎麼能變呢？從低溫的特點找故障原因，才能真正解決問題啊。」

在他的指點下，研製團隊果然找到了癥結所在。

如今，中國的空空導彈實現了從第三代到第四代的跨越，使我們的空空導彈整體達到了世界先進水平。

2016 年，梁曉庚主持研製的一款外貿型空空導彈公開亮相，引起國內外軍界極大關注。美國環球戰略網評價說：「該型導彈與美國最先進的『響尾蛇』導彈性能不相上下，真正實現飛行員看哪打哪。」

梁曉庚說：「把我們的國防做得更強大，讓別人不能來戰、不敢來戰，保衛祖國的和平，這就是我們的使命和目的。」

為了長空鑄箭，梁曉庚平均每週工作近 80 小時。近年來，他只休過一次假，還晚去了 3 天。這 3 天裏，他主持發射了 2 枚試驗彈。

他說：「一枚空空導彈有數千個零部件，有百多家企業合作。導彈打成了，是整個研發團隊的成績，不是我個人的。」

梁曉庚在某試驗基地檢查被我
國新型導彈擊落的靶機。

梁曉庚 供圖

　　很多朋友關心：在越來越多的隱身戰鬥機、隱身直升機、隱身無人機和隱身巡航導彈等各種隱身飛行器面前，我國的空空導彈能不能有效禦敵、保衛祖國的領空安全？

　　《國防時空》主編陳虎說，我國的新一代空空導彈是「反隱身」利箭。第四代機的出現，使空戰進入到隱身時代，如何打隱身戰機，確實是一個世界性難題。但隱身戰機的「隱身」，主要是針對雷達波，當然，也會有一些針對紅外探測的隱身措施。但目前其紅外隱身效果，遠不如雷達隱身的效果那麼好。目前世界上最先進的隱身戰機，可以把對方雷達的探測和鎖定距離縮短到三分之一甚至更低，但能把紅外光電探測設備的發現距離壓縮三分之一就不錯了。更何況，我國的 PL10E 採用的是紅外成像制導，也就是所謂的凝視焦平面列陣這樣一個制導方式，即使是目前最先進的隱身戰機，也難逃該導彈的鎖定。

　　梁曉庚和他的團隊，好樣的！

孫澤洲：從月球到火星，走起！

「誰發現了月亮？」即使在最愛刨根問底的《十萬個為甚麼》裏，也沒有這麼個「荒唐」的問題。月球和地球已經相伴了 45 億年之久，最初「舉頭望明月」者，也許是 250 萬～ 300 萬年前剛剛開始直立行走的原始人類吧。

也許這意味着，人類從看到月球到踏上月球，花了 250 萬～ 300 萬年的時光。1969 年 7 月，「阿波羅 11 號」實現人類首次登月。

2019 年 9 月下旬，中華人民共和國成立 70 週年前夕，中共中央宣傳部、中共中央組織部等授予航天科技「嫦娥」團隊「最美奮鬥者」集體榮譽稱號。

從第一顆人造衞星升空以來，中國人終於搭建起了飛向太空的天梯：「神舟」飛天、「北斗」組網，「天宮」遨遊、「嫦娥」探月……

2013 年 12 月 14 日 21 時 11 分，隨着「嫦娥三號」探測器在月球實現軟着陸，鮮豔的五星紅旗第一次登上月面。

「嫦娥奔月」，這個中華民族流傳了千年的美麗神話終於成成現實。

2019 年 1 月 3 日，「嫦娥四號」探測器又開創了人類航天器首次登陸月球背面的紀錄。

「『嫦娥四號』着陸器和『玉兔二號』月球車已又一次順利通過月夜極低溫考驗，分別於 2020 年 5 月 17 日 3 時 25 分和 16 日 11 時 53 分，受光照自主喚醒，迎來了第 18 個月晝工作期。5 月 17 日，也正是『嫦娥四號』着陸月球背面的第 500 個地球日。」在北京航天城的航天科技集團五院總體部，「嫦娥四號」探測器總設計師孫澤洲說，「在這 500 個地球日裏，『玉兔二號』月球車累計行駛里程 447.68 米，目前距着陸器 292 米，其間還實施了巖石探測、車轍探測、撞擊坑探測等多項科學探測試驗。」

「嫦娥一號」：真覺得月球非常遠

接到南京航空航天大學的錄取通知書時，孫澤洲沒有想到自己會幹一輩子航天。

1988 年，他報考南京航空航天大學時，就想着學成之後，能繼承父業回瀋陽進瀋陽飛機工業集團。從小在瀋飛集團家屬大院裏長大，從父輩的日常言談中，他多多少少了解到中國航空工業的短板和痛楚，以及父輩們的拼搏和宏願。期盼在南京航空航天大學學成後進瀋飛的研究所，製造出中國新一代的戰機，這是他和在瀋飛幹了一輩子工藝設計的父親共同的人生願景。

孫澤洲，1970 年出生於遼寧瀋陽，在瀋飛集團的大院氛圍中長大。1992 年畢業於南京航空航天大學電子工程專業，進入中國航天科技集團五院總體部工作。2001 年開始參與「嫦娥」的前期論證，負責星載測控論證工作。2004 年，年僅 34 歲的他被任命為「嫦娥一號」衛星副總設計師。2008 年，擔任「嫦娥三號」探測器總設計師，現為「嫦娥四號」探測器總設計師和火星探測器總設計師。

　　他為我國深空探測領域的發展做出了突出貢獻，曾獲國家科學技術進步獎特等獎 1 項、一等獎 1 項、創新團隊獎 1 項、國防科技特等獎等省部級科技獎勵 5 項，以及「全國五一勞動獎章」。

　　同樣是國內知名的航空航天大學，為甚麼選南京航空航天大學而不選離瀋陽更近的北京航空航天大學呢？

　　「北京航空航天大學的錄取分數可能會更高一些，所以我第一志願就填了南京航空航天大學。」快人快語的孫澤洲回憶道。

　　也許，這說明孫澤洲很適合幹航天這樣高風險的行業：諸多選項中，高可靠性才是最重要的。

　　「讀南京航空航天大學時，我一個月的生活費才 50 元。」雖然並不承認自己當年有多「學霸」，但他確實幾乎每年都能拿到一等獎學金。更重要的是，南京航空航天大學還培養和鍛煉了他的組織能力，他是班長兼系團總支副書記。這段經歷對他後來成長為必須協調方方面面的總設計師來說非常重要。「其實，我讀大學時只有一個小目標，就是儘可能把眼前的每一件事情做好。」孫澤洲說。

　　1992 年夏，南京航空航天大學畢業的他走進了航天科技集團五院的大門，先後參與了「資源一號」、「資源二號」和「實踐五號」衛星的總體工作。2000 年，而立之年的他就被任命為「中巴資源一號」02 星的總體副主任設計師。次年，他加入「嫦娥一號」研發團隊。

　　「『嫦娥一號』是我國航天邁出深空探測的第一步，面對很多挑戰。它的主要任務是對月環繞探測，用得上我學的專業。之前，我國發射的各種衛星主要在近地軌道運行，高度大約在 1000 公里以下。即使有 3.6 萬公里的地球靜止軌道衛星，也是定點在赤道上空的，地面站的天線不用整天轉着跟蹤。當時，我國地面測控站的天線直徑是 10 ～ 12 米的，而深空探測的天線直徑至少要 30 米以上。」孫澤洲說，「地月之間的平均距離是 38 萬公里，月球的遠地點甚至達到 42 萬公里。從 38 萬公里外發回的無線電信號強度，僅為從 380 公里近地軌道發回信號強度的百萬分之一。我們當時真覺得地月間非常遙遠，瓶頸就是我國當時還沒有建成大口徑的深空測控網，因此亟須破解地月通訊這一難題。」

　　天線的直徑有多重要？

簡言之，天線直徑每增加 2 倍，通訊能力就增加 4 倍，兩者是平方關係。

但建設地面站週期較長，孫澤洲帶領團隊從提高星載測控系統能力這一端開始攻關。

「科學發現是個不斷試錯的過程，試錯的『終結者』是終於試對了。」他說，「但這個『終結者』經常姍姍來遲，可航天事業不會允許你長時間地試錯。所以我們必須想盡一切辦法儘快試對。」

2004 年，「嫦娥一號」正式立項，孫澤洲被探月工程衛星系統總指揮、總設計師葉培健院士選為副總設計師，協助其分管測控與數傳、天線、機構與結構、熱控、供配電 6 個分系統的總體技術管理工作。

「當時我們這個團隊都是 30 歲出頭的年輕人。」孫澤洲說，「葉總設計師對我們年輕人很信任，但同時要求又非常嚴格。他的特點是既能把握大局，又注重細節。我們航天歷來強調作風嚴、慎、細、實，那時有本書叫《細節決定成敗》，葉院士專門買來送給我們，人手一冊。他最經典的話就是：『對問題就是要捕風捉影』，『把問題徹底搞明白了，工作才會不留

遺憾』。葉院士的言傳身教對我影響非常大，他就是我『怎麼做一個總師』的榜樣。」

孫澤洲率領他的研發團隊，夙興夜寐，殫精竭慮，終於發現通過對星載測控系統有效的分路合路，以及天線的異頻空間組陣，可以有效提高星載測控數傳的能力，從而破解了在沒有深空測控網支持下的地月遠距離通訊的難題。

「嫦娥一號」遇到的另一個攔路虎就是「月食陰影」。設計初期主要考慮了月球陰影的影響，只有 45 分鐘。進入初樣研製階段，他們認識到長期環月飛行期間月食陰影的不利影響，這個陰影的時間可能是 5 ～ 6 小時。

月食陰影何以這麼長？因為地球的影子遠大於月球的影子。「陰影期過長，太陽能帆板長時間不能供電，對『嫦娥一號』的設備溫度維持能力、蓄電池組蓄電能力等帶來嚴峻考驗。」孫澤洲說。

「通過集思廣益，我們確定了星上設備『開源節流』和衛星『軌道調相』等措施，調整特定時刻衛星在軌道上的位置，有效縮短了衛星在陰影區滯留的時間。」孫澤洲說，「『嫦娥一號』圓滿完成了月球探測的任務。」

「嫦娥三號」：挑戰多個世界第一

「我當『嫦娥一號』副總設計師的時候，總覺得葉院士是我們的主心骨。遇到困難，有葉院士在，我和團隊就不會慌。」孫澤洲坦誠地說，「2008 年，我被任命為『嫦娥三號』總設計師後，肩上的壓力陡然增大了，因為團隊把我當作『主心骨』了。」

「嫦娥三號」承擔着探月工程第二階段「落」的使命，主要任務是實現月面軟着陸和巡視勘察。它不僅有着陸器，還有巡視器「玉兔」，等於從地球出發時它是一顆航天器，抵達月球後要變成兩顆航天器，推進系統、控制系統、移動系統……幾乎都是從零開始設計、研製、試驗、驗證。通常一顆新的衛星包含的新技術、新產品，大約佔 20%～30%，而「嫦娥三號」的新技術、新產品佔到了 80% 左右。

五院總體部空間科學與探測總體室「嫦娥四號」總體副主任設計師溫博回憶說，她自 2007 年進五院工作就加入了「嫦娥三號」研發團隊。那時，因為條件有限，「嫦娥三號」研發團隊在航天城的一間地下室「集同工作」。「集同工作」是航天人特

有的一種工作方式，就是不同專業、領域的團隊在一起腦力激盪。連續好幾個月，孫總設計師和團隊天天在地下室裏，從8點一直討論到22點。每次會議開始時，他不多說話，傾聽各方面的意見，然後集思廣益，把住關鍵點，提煉出一個個思路，給人「撥雲見日」的感覺。

2013年12月2日，「嫦娥三號」用「長征三號」乙運載火箭發射成功。25分鐘後就進入地月轉移軌道，5天後抵達環月軌道。12月14日，在預定的距離月面15公里高度的軌道上，啟動了我國航天器上使用的最大的7500N變推力發動機，開始軟着陸。

軟着陸歷來被視為落月過程中風險最大的環節，有「黑色的720秒」之稱。「嫦娥三號」選擇了月面地勢較為平緩的虹灣着陸，着陸時孫澤洲還擔心嗎？

「雖然『嫦娥三號』所有的系統在地面都反覆進行了試驗，我們的團隊對我們的產品是有信心的，但畢竟之前人類對月面觀測的精度是有限的。『嫦娥三號』下降時，我主要擔心月面地形是否安全。」孫澤洲沉思道。

月球沒有大氣層，所以「嫦娥三號」不能使用降落傘減

速，只能通過變推力發動機反噴減速。「由於月球表面凹凸不平，為避開大石塊和大坑，下降過程中探測器會自主進行粗避障，然後下降至距月面約 100 米時，「嫦娥三號」像直升機一樣懸停，通過敏感器實現精避障，這都是世界首次。」孫澤洲說，「虹灣雖然平緩，仍有不少大坑和石塊。巡視器『月兔』雖然具有爬坡 20 度和越障高度 0.2 米的能力，但我們的着陸器目前只能從一個方向釋放『月兔』。如果巡視器的釋放方向正好有一個大坑或一塊大石頭怎麼辦？所以着陸過程的避障極為關鍵。」

「『嫦娥三號』為何不採用氣囊式軟着陸？」不少航天愛好者都曾提出過這樣的問題。

「這主要是因為『嫦娥三號』的質量較大，着陸質量超過了 1 噸，比較下來還是採用了懸臂樑式的 4 條着陸腿設計。」他說，「每條腿上有 2 根拉桿緩衝器和一個臉盆一樣大的『大腳掌』，將最後 2 米自由落體過程中產生的衝擊能量全部吸收。這一研製過程非常坎坷，曾經多次斷裂，直到最後才成功。」

為破解軟着陸和月面探測難題，孫澤洲率領團隊建立了可模擬僅為地球重力六分之一的月球重力環境和月表地形地貌的

大型試驗場，甚至用火山灰等來仿真月面，還進行了上萬次數學仿真和成百上千次的桌面聯試，終於為「嫦娥三號」成功奠定了扎實的基礎。

「嫦娥三號」着陸器設計壽命為一年，但已做到了超期服役。它和「嫦娥四號」遙相呼應，成為在月面工作時間最長的探測器。

「嫦娥四號」+「鵲橋」：踏上人從未去過的月背

「『嫦娥三號』已經很成功了，原來作為備用星的『嫦娥四號』怎麼辦？如果因為挑戰一個更困難的任務，它失敗了，社會輿論會不會覺得『嫦娥三號』的成功也只是一種偶然？如果都這麼去想，那就沒有登陸月球背面的『嫦娥四號』了！」孫澤洲說，「在『嫦娥四號』的使命選擇上，葉培建院士發揮了重要作用，體現了航天人以國家利益為重的胸懷和以科學探索為重的境界。」

2016 年 1 月，國家國防科技工業局正式宣佈，「嫦娥四號」將於 2018 年年底發射，着陸器和巡視器將首次登陸人類從未

留下足跡的月球背面。

　　五院總體部電子信息部「嫦娥四號」主任設計師劉適說，從「嫦娥二號」開始，我國建設深空探測網，分別在黑龍江省佳木斯市和新疆維吾爾自治區喀什市建了直徑 66 米和 35 米的天線，但「嫦娥四號」選擇了永遠背對地球的月背着陸，因此仍必須建立新的通訊架構，就是在地月之外再定軌一顆通訊中繼衛星「鵲橋」，孫總設計師為這個新的通訊架構的建立，做出了重大貢獻。

　　「鵲橋」既然是中繼星，是否就在月球邊上繞飛？劉適卻說：「『鵲橋』繞月飛行的 Halo 軌道，近月點 4.7 萬公里，遠月點 8 萬公里。它攜帶直徑 4.2 米傘狀天線，既要對準月背『嫦娥四號』着陸器和『月兔二號』，又要將信號傳輸回最遠 48 萬公里的地球，難度非常高。」

　　原來，「鵲橋」中繼星至月背的距離，竟然比 3.6 萬公里的地球靜止軌道離地球還要遠。那為何要選擇這個軌道呢？

　　要實現月背與地球的中繼通訊，這個中繼星的軌道有兩種選擇，一種是環月軌道，它的優點是離月球距離近，為 100 ～ 200 公里，但缺點是它不能始終對着月背，從無線信號的傳輸

來說，它的中繼實時性不佳；而另一種就是我們最終選定的
L2 點，它的優點是始終對着月背，能滿足中繼通訊必須始終
保持實時性的要求，但缺點是距離月背太遠，需要解決遠距離
中繼通訊的難題。

這就不難理解為甚麼「鵲橋」的研製難度這麼大。劉適回
憶說：「為了解決中繼星的一個又一個難題，我們團隊經常加
班。試驗經常做到凌晨兩三點了，早晨 8 點鐘又開始第二波試
驗。」

總體部質量處「嫦娥四號」項目辦產保助理付春玲說：「產
品保證工作遇到新問題時，孫總設計師總是特別叮囑我查清標
準，以體現『按規定工作、按標準辦事』。每次品質評審會，
等專家和領導走了之後，他會把相關的團隊留下來，逐條落實
專家的意見，凡有疑點的地方徹底解決，實現問題的閉環。」

2018 年 5 月 21 日，一枚「長征四征」丙運載火箭將「鵲
橋」送上太空。7 個月後的 12 月 8 日，「嫦娥四號」搭乘「長征
三號」乙運載火箭升空。

很多航天愛好者都想知道：「在月背軟着陸的風險，與在
月面的有甚麼不同？」

孫澤洲與即將投入發射的「嫦娥四號」探測器
合影留念。

　　「『嫦娥三號』着落區的地形起伏僅 800 米，而『嫦娥四號』着落區選擇的月背南極艾肯特盆地地形起伏高達 6000 米，因此它必須落得準、落得穩。」孫澤洲說。

　　2019 年 1 月 3 日 10 時許，「嫦娥四號」在距月面 15 公里的軌道上自北向南飛向艾肯特盆地，10 多分鐘裏將運行速度從每秒 1.7 公里降到 0，然後開始動力下降。在距月面 100 米處，「嫦娥四號」開始懸停，對下方的障礙物和坡度進行識別，自主避障。它向西南方向移動了 8 米，然後開始緩速垂直下降。10 時 26 分，1 噸多重的「嫦娥四號」探測器成功着陸在艾特肯盆地馮·卡門撞擊坑的預選着陸區（月球背面東經 177.6 度、南緯 45.5 度附近）。選擇此處是緣於該撞擊坑的物質成分和地質年代具有代表性，對研究月球和太陽系的早期歷史具有重要價值。

　　在地面指揮中心控制下，通過「鵲橋」搭建的中繼通訊鏈路，「嫦娥四號」探測器展開太陽翼和定向天線，建立了定向天線高碼速率鏈路。11 時 40 分，着陸器獲取了世界第一張近距離拍攝的月背影像圖並傳回遙遠的地球。

　　當日 22 時 22 分，「月兔二號」巡視器完成與着陸器的分

離，駛抵月球表面。

1月11日，在「鵲橋」中繼星支持下，「嫦娥四號」着陸器與「玉兔二號」順利完成互拍，圖像清晰完好，中外科學載荷工作正常，探測數據有效下傳，搭載的各項科學實驗項目順利開展。

「『嫦娥三號』的『月兔』在第2個月晝期間於行進中『受傷』，可能是被石塊磕碰，機構控制不能正常進行。針對這一問題，我們對『嫦娥四號』的『玉兔二號』進行改進升級，重新進行了佈線，以免月面石塊觸碰。」孫澤洲說，「在系統的設計上，我們重視了對故障的有效隔離，現在做到了即使2個輪子受損，它依然能運行。」

據悉，至2019年7月上旬，「嫦娥四號」工程地面應用系統已向科學研究核心團隊發佈第六批科學探測數據，總數據量為1.2G，共計531個數據文件。

「嫦娥四號」預定的科考任務基本完成之後，孫澤洲又在忙甚麼呢？

身為火星探測器總設計師的孫澤洲，着手為2020年火星探測器的飛行緊張工作着。

　　葉培建院士曾說過，如果把從地球到月球的距離，比作從北京的天安門廣場到王府井，那從地球到火星的距離，就相當於從北京的天安門廣場到上海的外灘。

　　為甚麼 2020 年是發射火星探測器的「好日子」？那是因為每隔 26 個月會發生一次「火星衝日」，「火星衝日」就是火星、太陽和地球三者位於一條直線上，屆時發射火星探測器，探測器從地球飛到火星的距離最近，因此飛行時間最短、探測器消耗的燃料也最省。假如錯過了 2020 年的「火星衝日」時間點，那下一次發射就要再隔 26 個月。

　　即便「火星衝日」發射成功，地球與火星仍有 4 億公里之遙。火星探測器要飛行 7 個月，於 2021 年才能抵達火星。這 4 億公里的遠征，是何等壯懷激烈的深空之旅。

　　可想而知，這 7 個月的飛行時間，對孫澤洲等航天科學家來說，是多麼嚴峻而漫長的考驗。更何況，我國第一次火星探測目標是要一次性地完成「繞、着、巡」任務，火星探測器不僅要成功着陸火星，火星車還要與探測器成功分離，在火星上也許還要完成與探測器的互拍，再進行巡視勘探。對中國航天人來說，這又是一項全新的歷史性的「天降大任」。

「火星探測第一次就要實現『繞、着、巡』目標，這在世界上從來沒有哪個國家是同時完成的，任務難度非常大。」作為火星探測器的總設計師，孫澤洲深感肩頭責任重大。

自上世紀 60 年代以來，人類共實施了 42 次火星探測任務，成功率僅為 52%。「我們的火星任務最難的地方，就是探測器進入火星大氣後利用氣動外形減速和降落傘減速的過程。」他說，「月球上沒有大氣，而火星有大氣，對此我們必須加以利用。但火星的大氣又與地球的大氣層不同，火星的大氣密度僅為地球的百分之一左右。火星探測器着陸的時間更短，只有 7 ～ 8 分鐘。而火星離太陽更遠，火星的太陽光照強度只有地球軌道的 40%。雖然火星的天空沒有雲彩，但薄薄的大氣同樣會衰減陽光的強度。更重要的是，火星上還有沙塵暴，沙塵一旦落在太陽帆板上還會影響太陽帆板能力的 40% ～ 60%，這些都是我們必須面對和解決的巨大挑戰。」

「所以我們的工作特別緊張，好在我太太同在航天系統，她比較能理解我們航天人。」孫澤洲寬慰地笑了，「我平時每天很晚回家，家裏人都睡了，但是我家門廳裏的那盞燈總是亮着，讓我覺得很溫暖。」

　　門廳裏總是亮着的那盞燈，温暖了孫澤洲；而成千上萬個像孫澤洲一樣的航天人，他們不懈地探索和努力，為我們點亮了探索星際世界的火炬！

編者注：「天問一號」探測器於 2020 年 7 月 23 日在海南文昌航天發射場成功發射。2021 年 5 月 15 日，「天問一號」探測器在火星烏托邦平原南部預選着陸區成功着陸，中國成為第二個成功着陸火星的國家。

阿波羅登月、航天飛機和衛星導航，這是20世紀人類航天事業的三大傑出貢獻。就其對人類日常生活影響而言，尤以衛星導航為最。

2019年9月下旬，中華人民共和國成立70週年前夕，中共中央宣傳部、中共中央組織部等授予航天科技「北斗」團隊「最美奮鬥者」集體榮譽稱號。

遠在浩瀚太空的北斗導航系統，和你我的生活究竟有甚麼關係？將它們「星羅棋佈」一般在太空織成一張網，又有多難？

人類最早的導航設備是甚麼？是岸邊的燈塔，是崖壁上的石階，還是夜空中璀璨的北斗七星？

「河漢縱且橫，北斗橫復直」，「入得光芒北斗星」，「泰山北斗人皆仰」……在中華民族燦若星河的唐詩宋詞裏，留下了多少詩人對北斗七星的敬仰和詠歎。

北斗，還凝聚了先人對天文地理的認知。

在中國航天科技集團五院總體部，「北斗二號」導航衛星總設計師，現任「北斗三號」工程副總設計師、「北斗三號」導航衛星首席總設計師謝軍說：「2018 年，我國成功發射了 19 顆北斗衛星，到 2020 年，『北斗三號』將實現從目前為我國及『一帶一路』沿線及周邊國家提供基本服務到覆蓋全球、服務全球的跨越。」

北斗系統是國家重大空間基礎設施。習近平總書記曾高度評價來之不易的北斗系統：「北斗系統已成為中國實施改革開放 40 年來取得的重要成就之一。」

2020 年 6 月 23 日 9 時 43 分，「長征三號」乙運載火箭在西昌衛星發射中心升空，將第 55 顆北斗衛星——「北斗三號」全球衛星導航系統最後一顆組網衛星送入預定軌道，「北斗三

號」全球組網順利收官。

「4 小時的衝刺」源於跨世紀的夢想

2007 年 4 月 16 日，是謝軍和他的團隊永遠也忘不了的一天。

此前兩天 —— 4 月 14 日凌晨 4 時 11 分，從西昌衛星發射中心衝天而起的「長征三號」甲運載火箭，將「北斗二號」第一顆 MEO（中圓軌道）飛行試驗星送上太空；5 時 16 分，太陽翼帆板展開。兩天後，衛星經過 3 次遠地點變軌等控制，於 16 日進入衛星工作軌道。

「16 日晚上 20 時 14 分，試驗星上的有效載荷產品開始加電開機。」謝軍如數家珍般地說，「那晚，所有參與『北斗二號』導航衛星接收終端產品研發的單位，都將自己的接收設備放在一個操場上，等待衛星發送信號。21 時 46 分，地面系統正確接收到了衛星播發的 B1 導航信號；21 時 54 分，接收到了衛星播發的 B2 導航信號；22 時 03 分，接收到了衛星播發的 B3 導航信號。當地面設備接收到這來自太空的信號時，所有在場

的同志都高興地跳了起來！當時，我在西安衛星測控中心，也非常激動！我們終於實現了 2007 年 4 月 17 日前激活北斗導航信號的目標要求，確保了『北斗二號』系統申請的衛星導航信號頻率與軌位資源！此時，距離國際電訊聯盟規定的空間頻率申請失效時限僅有不到 4 個小時。」

太空浩瀚，但頻率資源有限。此前，國際電訊聯盟曾規定，任何國家申請空間軌道和信號頻率資源是有時限的，如超過 7 年還不能將所設計的衛星發射上天，所申請的頻率資源作廢。

當時，美國的 GPS（全球定位系統）和俄羅斯的格洛納斯導航衛星已經使用了大量頻率，剩下來的有限資源為歐洲導航衛星「伽利略」和中國導航衛星「北斗」所分享，誰先完成發射，誰就擁有使用頻率的優先權。國際電訊聯盟「先到先得」「逾期作廢」的規定，給了中國航天人很大的壓力。

「我是在 2006 年 3 月時，才聽說我們 2000 年向國際電訊聯盟申請的導航信號頻點，到 2007 年 4 月 17 日要過期。」謝軍說，當時確實有點緊張，「因為當時我們衛星的研發還未全部完成，擔心時間不夠。唯有優化流程，抓緊研發。」

之前，「北斗一號」雖已在 2002 年完成了雙星定位，但按照國際電訊聯盟的標準，「北斗一號」仍是「試驗系統」，它與「北斗二號」衛星播發的導航信號技術體制完全不同，使用信號的頻率資源不同。

為了確保這一國家任務的如期完成，航天科技集團要求「標準不能降，流程不能減」。剩下能壓縮的，只有休息時間，「我們只能以跑百米的速度來跑馬拉松。」謝軍說。

2007 年的春節都沒有過完，大年初三，航天五院的大隊人馬就從北京飛往西昌。從衛星總設計師謝軍起，所有參試人員進場後先幹 3 天體力活，搬設備、扛機櫃……檢測設備安裝就位，馬不停蹄開始了連續 6 天 6 夜的不間斷加電測試，以模擬衛星和有效載荷在太空連續工作的狀態。從院士、型號總師到技術人員，一刻不停地輪班盯着測試進程，發現了問題及時解決。後來，在衛星從技術區轉入發射區後還是暴露了星地通訊應答機信號源不起振的問題。所有的問題都「歸零」之後，專家層決定：「北斗二號」首顆 MEO 試驗星於 4 月 14 日發射。

「就在衛星發射前一天晚上 10 點多，孫家棟院士還在和我商量，萬一衛星在太空再發生甚麼故障，你要怎麼和地面測控

系統、發射場系統協調。我都一一記在『發射任務清單』上。」謝軍回憶說，「孫院士等老一輩航天人的責任感真的是特別強。按照孫總設計師的要求，我們與地面測控人員的溝通協調一直持續到 14 日凌晨 2 點。所幸，非常順利。我們之前擔心衛星萬一發生的故障，都沒有發生。」

「北斗」，其實並不是我們最初的衛星導航計劃。

「你知道嗎？早在上世紀六七十年代，老一輩航天人就曾提出過一個名為『燈塔』的衛星導航計劃，可由於當時國家陷於『文革』動亂，只能被迫止步，但這個『燈塔』的夢想始終在我們一代又一代航天人心裏。」謝軍說。

「『北斗二號』的設計壽命是 8 年，但我們於 2010 年 1 月 17 日發射的第一顆組網星，至今狀態良好，仍在使用。」謝軍頗感自豪。

原子鐘誤差 1 毫秒，定位精度誤差 300 公里

謝軍的人生，其實是在 2003 年 9 月被 2 個來自北京的電話改變的。打第一個電話的是時任中國航天科技集團五院院

長袁家軍，他說，院裏決定調你擔任「北斗二號」的技術總負責。時任五〇四所所長的謝軍，知道這副擔子不輕，不敢貿然答應。幾天後，謝軍的老領導、五院常務副院長兼「北斗二號」總指揮李祖洪的電話來了：「你別猶豫，現在『北斗二號』的任務很緊迫，難度很大，趕緊來。」

謝軍明白，此乃航天用將之時。

謝軍於 1959 年生於山西太原市，在陝西西安完成中小學教育，1978 年考取中國國防科技大學電子技術系雷達專業。1982 年本科畢業後入職中國航天科技集團五院五〇四研究所，1987 年畢業於該研究院通訊與電子系統專業，獲碩士學位。接到袁家軍和李祖洪調任電話那年，他是航天科技集團五院五〇四所所長。至今，他從事航天事業已有 38 年。

2003 年 12 月，五院成立「北斗二號」項目辦，謝軍正式走馬上任。

既然已建成「北斗一號」，為甚麼國家還要接着上馬「北斗二號」？「北斗一號」始建於上世紀 90 年代，陳芳允院士認為國家實力有限，不可能像發達國家一樣一下子打幾十顆導航衛星上天，提出了「雙星定位」的體制，用「2 顆 GEO 星（地球靜

止軌道衛星）＋地面站」的方式，實現了我國導航衛星從無到有的飛躍，但其覆蓋區域和定位精度仍難以滿足國家發展和百姓生活的需求。

橫亙在謝軍和他的團隊面前的，是從平台到星上載荷的全新挑戰。

作為「北斗二號」的技術總負責，每顆衛星的設計定型、生產製造、進場發射，謝軍都要在文件上簽字，因此，他的壓力確實很大。

「北斗一號」採用的是通訊式的有源定位，用戶機必須發送信息才能參與定位，這一轉發式體制不僅造成用戶容量受限，而且用戶機的成本很高；而「北斗二號」採用廣播式的無源定位，即用戶機可不發送信息，只要接收和解讀 4 顆以上導航衛星發來的數據，即可計算出其自身所在的位置，這一導航方式用戶數量可以不受限制。舉例說，「北斗二號」就像廣播電台通過無線電發送節目內容，節目內容可以是新聞，也可以是歌曲，凡是有收音機的只要調對頻率都可以收聽，收音機數量不受限制。

而為了實現上述目標，「北斗二號」必須以星載原子鐘來

定時，方能實現定位。而此前，「北斗一號」的授時工作主要由衛星地面站來完成，星上沒有原子鐘組。

　　既然導航用戶是通過至少接收 4 顆以上導航衛星發射的位置信息來計算出自身位置的，因此這 4 顆星的時間必須準確而同步。

　　不知你有沒有注意到：過去，手表過一段時間需要校時；而現在手機需要校時嗎？手機時間與電視台的時間永遠是同步的，這就是因為手機和電視台採用的都是北斗衛星導航系統授時時間。我國衛星導航的時間精度是 50 納秒。1 納秒是千分之一微秒、百萬分之一毫秒、10 億分之一秒。為甚麼需要這麼精準的時間？因為光速是每秒 30 萬公里，如果有一隻原子鐘慢了 1 秒，那計算機就會判讀你離這顆衛星又遠了 30 萬公里！

　　時間在此轉換為空間。

　　我們已知：C（距離）＝ R（光速）× T（時間），因此 T 的誤差量級為：1 毫秒的誤差，在定位精度上造成的距離誤差為 300 公里；1 微秒的誤差影響定位精度 300 米，1 納秒的誤差是 0.3 米。

　　這是太空版的「差之毫釐，失之千里」。

「星載原子鐘哪里來？最初，我們也想過購買或引進。」謝軍說，「但要麼是發達國家不賣給我們，要麼是價格貴得我們買不起。我們的自主創新其實是被逼出來的。」

正如全國政協委員、中科院院士、航天科技集團科技委主任包為民所言，中國的航天史實則就是一部自主創新史。他說：「在改革開放初期，我們也曾大量引進、吸納西方的先進技術和元器件。但是一旦應用到我們的尖端裝備上，隨即就會受到封鎖和制裁，市場上馬上就買不到了，即使還能買到，價格也會被抬高 10 倍以上。」

「我們的經費，只夠買『北斗二號』所需原子鐘數量的一半，還有一半必須我們自己動手造。當時我們就提出了『集智攻關，團結協作，強強聯合，突破星載原子鐘的工程化』的要求，必須拿下原子鐘。」謝軍說。

「一開始，我們就想到過自主創新很難，但真沒想到這麼難。」謝軍回首這些年走過的創新之路時說，「有人問我，做總師最怕甚麼？就是怕自己做出決策後，解決不了產品的問題，而眼看着時間在一個月一個月過去，這是最焦慮的。但為了完成國家的任務，再難我們也只能扛着。當初，研製出的第

一台原子鐘在工作中經常突跳，精度很差。怎麼辦？我自己的專業不是研究原子鐘的，只能泡在一線上，和研製原子鐘的專家一起分析問題，想方設法攻克難關。」

該院總體部導航衛星總體室副主任設計師康成斌說，為了解決星載原子鐘品質這個「攔路虎」問題，謝總設計師是用心去深入一線，那些原子鐘生產廠家的技術人員，他都叫得出名字。有時做產品試驗，他也一直守着，36個小時不合眼。

星載原子鐘設計出來後，謝軍提出，必須防止出現星載原子鐘在地面準而上了太空不準的問題。這就要從解決太空和地面的差異入手，地面有空氣的輻射、對流、傳導，而太空中沒有。經過反覆攻關，終於在生產控制中解決了在非真空的條件下，模擬保證真空條件下的工作特性問題。

星載原子鐘對環境溫度非常敏感。在太空中，因陽光的直接照射和地球陰影區域的不斷交替，衛星每天的溫差上下200多攝氏度。謝軍帶領團隊為星載原子鐘組設計了一個恆溫艙，通過精密的溫控措施，將溫度控制在設定目標值的 $\pm 1°C$ 之內。「這 $1°C$ 的誤差所帶來的影響，直接關係到我們要求的 10^{-14} 的精度。我們系統的要求就是這麼高，這才能保證我們的星載

原子鐘 300 萬年只有 1 秒的誤差。」謝軍說。

　　長期從事北斗系統建設工作的研發副總師周鴻偉評價道：「謝總設計師是『北斗二號』天基時空基準最重要的開創者。」

　　的確，「北斗二號」從 2004 年立項到 2012 年完成，由 5 顆 GEO、5 顆 IGSO（傾斜地球同步軌道衛星）和 4 顆 MEO 實現組網，可為亞太區域提供導航服務。定位精度從「北斗一號」的 20 ～ 30 米，提高為水平和高程均為 10 米，接近當時的 GPS 民用標準。

星間鏈路，唯有自己成長為「巨人」

　　「北斗三號」的預研，於 2009 年啟動。2017 年 11 月 5 日，首次發射「北斗三號」的 2 顆全球組網衛星。「北斗三號」系統共由 30 多顆導航衛星組成：3 顆 GEO、3 顆 IGSO 和 27 顆 MEO。2018 年 12 月 27 日，「北斗三號」基本系統正式向「一帶一路」及全球提供基本導航服務，向距離全球組網的目標邁出了實質性的一步。目前，「北斗三號」在國內的定位精度可達 4 ～ 6 米，部分地區最高精度可達 2.5 米，而在全球的定位

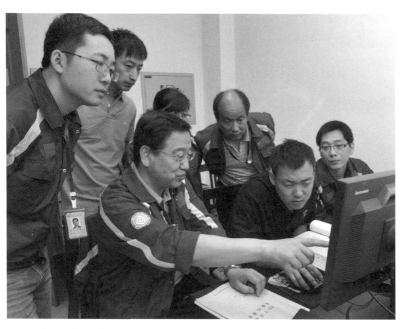

謝軍（左三）與「北斗三號」研發團隊成員探討技術細節。

北京神舟航天文化創意傳媒有限責任公司 供圖

精度是 10 米以內。

全球組網，全球服務，是「北斗三號」的目標和承諾，也帶來了全新的挑戰。

首先是我國的衛星地面站基本都在我國境內，衛星在西半球上空時怎麼辦？

謝軍帶領團隊花了近 5 年的時間，不僅提出了星間鏈路高軌和中軌結合的方案，首創了星間鏈路和混合星座的架構體系，還研發、突破、解決了原子鐘組、大功率微波產品、高精度測量等一系列重大難題。

星間鏈路在空中為「北斗三號」的 30 多顆導航衛星建了一個「羣組」：只要依靠國內的地面站，就可管理全球的衛星，解決了海外佈站、衛星境外監測的難題，實現了所有導航衛星的互聯互通。即使和地面聯繫一時中斷，衛星也能繼續提供服務。

GEO 運行的是定點在赤道上空 3.6 萬公里的地球靜止軌道；而 IGSO 運行的是傾斜地球同步軌道，星下點在地球上呈「8」字形；而 MEO 運行的中圓軌道也要距地面 2.15 萬公里。這 3 種衛星彼此之間最遠的距離是 6.9 萬公里，要始終保持聯

繫，談何容易。

「北斗三號」衛星之間的信號不是採用廣播式發送的，而是採用更高頻段的窄波束，所以對衛星天線的指向性要求非常高。且由於雙方無時無刻不在運動之中，通訊天線既要像「萬里穿針」般精準，實現信號的快速捕捉、跟蹤和通訊，還要把衛星運動帶來的「多普勒效應」出現的誤差補償掉，這對我國首個創建的大型空間網絡來說，是極大的挑戰。

更何況，在「北斗三號」的前期論證中，就提出了元器件和器部件全面實現國產化與自主可控的目標，囊括了一顆星上近 200 台（套）設備，國產設備不再是冗餘系統的備份。

謝軍對研發團隊反覆強調：「誰也不要以國產化為理由，降低標準。」用於放大無線電信號的行波管放大器，之前一直使用進口產品，按國產化要求有關單位開始自己研製。費了九牛二虎之力拿出了 6 台產品，卻被謝軍全部退貨。

「當時作出這個決定其實挺難的。」謝軍說，「我知道這個新產品用一兩年還是可以的，但我們『北斗三號』的壽命要求是提高到 10～12 年，如果它第 3 年出問題了怎麼辦？和大家反覆商量之後，還是決定拿下來重新研發。」

　　品質永遠是最重要的，沒有過硬的品質，可靠性就沒有保障。

　　「北斗三號」衛星某型號總體技術負責人聶欣說，謝總設計師強調要把所有的創新建立在扎實可靠的數據上，新產品在地面上就要進行全壽命不斷電的可靠性試驗，以充分掌握其長期性能，如發現問題必須進行改進「歸零」。

　　康成斌說，謝總設計師非常務實，他有句口頭禪是「大家不要只提問題，而要提解決問題的方案」。

　　當「北斗三號」最早的 2 顆全球組網衛星在西昌衛星發射中心升空時，指揮大廳中的年輕人注意到謝軍激情難抑。作為嚴守品質關的總設計師，謝軍率領團隊一路披荊斬棘，有時不得不和總指揮一起承擔推遲進度的風險，心中的壓力可想而知。

　　李祖洪說，在「北斗」起步之時，我們也希望能站在「巨人的肩膀上」。但「巨人」可不是這麼想的，對我們技術封鎖，不讓我們站在他的肩膀上。所以唯一的辦法，就是自己成長為巨人。

　　他們做到了。他們是中國人的驕傲。

走進航天科技集團五院總體部的大樓，最先進入人們視線的是門廳上的一行大字：「偉大事業始於夢想，基於創新，成於實幹」，用它來概括中國航天人和航天事業，真是再貼切不過了。

周鴻偉曾有幸在孫家棟院士率領的團隊工作過。他說：「孫老平時非常慈祥，但決策時非常果斷；而謝軍是率領團隊在第一線衝鋒陷陣的總師，他是抓得住關鍵，打得開思路，承受得起壓力，也經得住失敗。而要做到這些，必須沒有私心雜念。在謝軍身上，我感受到了老一輩航天人的家國情懷。」

作為孫老的學生和「徒弟」，孫家棟院士有沒有批評過謝軍呢？謝軍坦誠地說：「孫老當然批評過我，有時批評得還很嚴厲，要求很明確。」他舉例說，「在攻克微波開關這個難題過程中，孫院士就提醒我們：國外的資料為甚麼這麼說？到底對不對？我們能不能驗證結果？每一個技術問題都必須研究透了，你心中才有底。現在，我們院已經把老一輩航天人的作風化作具體的工作指南和制度。」

2020 年，「北斗三號」服務範圍覆蓋全球後，還會研製新一代的北斗導航衛星嗎？

謝軍在西昌衛星發射中心塔架前，與又一顆即將發射的「北斗三號」衛星合影留念。
北京神舟航天文化創意傳媒有限責任公司 供圖

　　謝軍笑着說：「肯定會。衞星的應用，取決於人的想像力。我們期望能融合多種手段，為社會打造一個新的綜合性PNT（定位導航授時）體系。北斗未來，大有可為；未來已來，敬請期待。」

　　京郊燕山腳下，靜卧着一座核城——中國原子能科學研究院。

　　這是中國原子能科學的發祥地。上個世紀五十年代末，中國第一座重水反應堆就誕生在這裏。

　　如今，我國第一座實驗快堆巍然聳立在核城的西南角。它標誌着我國第四代核反應堆建設的第一步已經成功邁過。

　　徐銤，1995年擔任國家「863計劃」中國實驗快堆總工程師。2017年，他榮獲首屆全國創新爭先獎章。

　　領銜建造實驗快堆的總工程師，是中國工程院院士、中國核工業集團快堆首席專家、國家能源快堆工程研發（實驗）中心學術委員會主任徐銤。

　　我國是世界上第 8 個擁有第四代核反應堆——快堆技術的國家。我國快堆工程發展的第二步——示範快堆，作為國家重大核能科技專項，已於 2017 年 12 月 29 日在福建霞浦正式開工。

　　快堆的意義何在？

　　「首先發展增殖堆的國家將在原子能事業中得到巨大的競爭利益；會建增殖堆的國家，實際上已永遠解決了它的能源問題。」世界著名物理學家、諾貝爾物理學獎獲得者費米的話，影響了徐銤一生。

　　目前，世界上商業運行的 450 台核電機組大多是第二代核電站。進入新世紀，全世界核能技術領先的國家都在競相研發第四代核電技術。作為第四代核電站的快堆，是我國發展可持續的清潔能源的必然選擇。

徐銤在快堆主控室。　　　　　　　　　　　　　　　　徐銤 供圖

「快堆，把鈾資源的利用率提高了 60 倍！」

徐銤是中國快堆事業的開拓者和奠基人之一。

但對大多數業外人士來說，「快堆」是個全然陌生的概念。

中國實驗快堆 (CEFR) 的全稱是「鈉冷快中子增殖反應堆」。在實驗快堆一樓大廳裏，矗立着一座快堆的模型。

「實驗快堆的主容器高 12 米，直徑 8 米。中間的堆芯裝有 81 盒 6 角型的燃料組件，每盒組件中有 61 根燃料棒。每個燃料棒上還有繞絲，以保證導熱的鈉液可以流入。」中國原子能科學研究院總工程師、研究員張東輝介紹說，「如有燃料棒需要更換，快堆還可以實現封閉式換料。」

快堆主控室正面牆上，中間是 2 個大屏幕，正顯示操縱員關注的系統信息。屏幕兩側的儀表設備，顯示着整個快堆 200 多個子系統的實時工作狀況。大廳中央有 2 排控制台，由值班長和 3 名操縱員分頭負責，可對反應堆、主要分系統和機電設備實施操控。

快堆與第二代、第三代核電站相比，優勢究竟何在？

投身快堆研發 50 年的徐銤院士介紹了快堆的兩大特點：

「一是它能增殖易裂變核燃料。自然界的天然鈾，只有鈾235才是易裂變核燃料，但它在鈾礦中的豐度只有約0.7%，而不大能裂變的鈾238卻在天然鈾中佔到99.2%以上。在第二、第三代壓水堆中，鈾238是無法發生裂變反應的；而在快堆中，核燃料是鈈和鈾238，鈈裂變釋放的快中子會被裝在反應區周圍的鈾238吸收，又變成能裂變的鈈，且生成的鈈比消耗掉的還要多，裂變反應就此循環持續下去，稱之為『鏈式反應』，快堆也因此稱為『快中子增殖反應堆』。它真正消耗的是佔到99.2%以上的鈾238。在快堆的閉式燃料循環系統支持下，它把鈾資源的利用率從壓水堆的1%左右提高到60%以上。由於利用率的提高，更貧的鈾礦也值得開採。如此，就不怕經濟可採鈾資源的有限性，能保證核電長期應用。」

僅此一點就不可小覷。一座百萬千瓦級的壓水堆核電站，在其60年壽命週期內需要大約1萬噸天然鈾用作燃料。

根據有關世界能源組織之前公佈的數據，地球上無論是石油、天然氣、煤炭，還是鈾礦的現存儲量，可開採年份大多在100年以內，而快堆如果能將鈾資源的利用率提高60～70倍，這對國家能源安全貢獻巨大，還可大大減少二氧化碳

排放。

「快堆的第二個特點是，快堆中的快中子可以把壓水堆用過的核燃料中的高放長壽命次錒系核素鎿、鋂等當燃料裂變掉，放出熱能發電，變廢為寶。不僅如此，壓水堆用過後的燃料中長壽命裂變產物如碘 129 和鎝 99 等還可以在快堆中嬗變掉，變成一般的短壽命裂變產物，或變成穩定同位素。所以快堆可使原來需要作地質貯存的高放廢物量大大減少，降低地質變動下環境受放射性污染的風險。」

這讓人頓悟，為甚麼徐院士常對他的學生說，我們發展快堆是「替天行道」。

之前的壓水堆核電站乏燃料裏的鈈和錒系核素（MA）要存放 300 萬～ 400 萬年，才能達到與天然鈾同等的低放射水平。而快堆的一般裂變產物，只要 300 ～ 400 年，就能與天然鈾的放射水平一樣低，極大地降低了其貯存的風險和成本。而且，據專家初步估算，一座焚燒快堆可嬗變掉 5 ～ 10 座相同功率的熱堆產生的 MA 量（即支持比為 5 ～ 10）。

「快堆是真正的清潔能源，以最小的環境代價幫助人類實現可持續的發展，」徐銤笑着說，「國家是天，人民是天，我們

發展快堆，真是為國家『替天行道』啊！」

「最困難時，總想起周總理特批 50 公斤鈾」

揚州人有句老話：「從小看八十。」

徐銤，1937 年 4 月出生於江蘇揚州。生肖屬牛，生日為農曆 2 月 26 日，民間又稱他為「春耕牛」。徐銤長大後，亦以此為自豪，常以「春耕牛」自勉自勵。

徐銤出生才 3 個月，宛平城破，「盧溝橋事變」爆發，中華民族到了最危險的關頭。國難當頭，父親徐戡給他的頭生子起了個名字「銤」。「我父親後來對我說，當時國家要抗戰，但既缺錢又缺糧，所以起了個『銤』字，既有錢，也有米，就是希望國家能強大。」徐銤說。

「銤」在化學元素表上排序 76 號。徐戡化學造詣頗深，抗戰爆發前，在上海水利學校當化學老師。他 4 個子女的名字都以化學元素命名，小兒子取名「鈰」，大女兒叫「鉑」，小女兒就叫「鈾」。「我父親有 3 櫃子的化學試劑和燒杯，但日軍進攻上海時，一顆炸彈把我父親的書和儀器都炸掉了。」徐銤說，

「於是，父親攜家帶口逃到揚州，當中學老師。後來日軍又佔領了揚州，父親怕日本人逼他去做炸藥，就在公開場合故意『手抖』，拿不了試管，於是改當了數學教師。」

但父親對化學的愛好，還是在徐銤的心中播下了種子。他3歲起就學父親樣，用加了墨汁的水在燒杯裏倒來倒去。他清楚地記得，當時買不到雪花膏，父親就從玉簪花裏萃取香精，讓孩子們把乾淨的雪捧進盆裏化成水，然後再做成雪花膏。

「我父親是個了不起的人。」徐銤說。1955年高考時，清華大學希望徐銤去讀工程物理系，徐銤以為這是「做工程的」，說沒興趣。還是父親告訴他：「工程物理是為國家研究核工程的。中國要是沒有核武器，就要被人家欺負。」這一句話，點醒了徐銤。

這一屆的清華本科讀了6年。1961年，徐銤從清華大學工程物理系畢業，進入中華人民共和國第二機械工業部北京六〇一所（即中國原子能科學研究院的前身）。當時，六〇一所匯聚了吳有訓、錢三強、王淦昌、彭桓武、朱光亞、王承書等一代領軍人物，徐銤不僅親見他們騎着自行車上下班的身影，還聽過他們不少教誨，深受鼓舞。

1965 年，徐銤第一次聽說了快堆這一國際前沿課題。3 年後，他正式進入快堆的科研隊伍。1964 年，我國剛爆炸了第一顆原子彈，高濃鈾十分緊缺，但周恩來總理還是特批了 50 公斤濃縮鈾用於我國第一個快堆零功率裝置「東風六號」的啟動實驗。1970 年，他參加了我國第一個快堆零功率裝置 ——「東風六號」的啟動實驗。1970 年 6 月 29 日夜裏 11 點多，零功率裝置達到臨界。那天正好徐銤值班，「當宣佈零功率裝置達到臨界時，大家好激動啊……」徐銤回憶說。

雖然「零功率」並不是絕對沒有功率，只是功率低於 100 瓦，但就是這小小一步，卻讓快堆就像中子一樣在他的心中不斷地裂變增殖，再也停不下來了。

成功的路上總是遍佈荊棘，國家和個人都是如此。

1971 年，一道調令，將快堆的 300 多名研究人員全部從京郊房山調往四川夾江，徐銤也奉命舉家從北京遷往四川夾江，一去就是 16 年。「這 16 年，是我科研生涯中最艱難的日子。」徐銤坦陳。

當時正值「文革」，科研也沒有了項目。老專家戴傳曾悄悄叮囑徐銤說：「你千萬別把快堆的事情放掉，在那裏要多多

跟蹤了解國外的快堆是怎麼發展起來的。」

這一句話撥雲見日，讓在夾江的山溝溝裏難得見到太陽的徐銤心中豁然開朗。夾江雖然沒有食堂，所幸的還有個圖書館，這是科技資訊的泉眼，為徐銤連接起了北京和世界。山裏木頭多，別人無所事事買木頭打家具，他卻拉着核燃料元件組的同事整天鑽圖書館研究快堆的文獻。在那裏，徐銤他們竟然還進行了快堆最初的理論設計和工程設計，做了一個快堆的簡易模型。

讓徐銤最痛心的，不是夾江生活條件的艱苦，而是一大批同事因各種原因離去。最初的 300 多人只剩下 108 人。上世紀 80 年代初，徐銤自己也曾有一個可以去競聘國際原子能機構職位的好機會，但他沒有動心。他對同事和家人說：「我們這麼大一個國家怎麼能沒有快堆呢？在我國科研經費匱乏、高濃鈾十分緊缺的時候，周總理曾特批 50 公斤高濃鈾給我們做實驗。每當想起這段往事，我總感到心裏沉甸甸的。如果不取得像樣的研究成果，我是不會離開的。」

正是這份沉甸甸的責任感，托起了中國的快堆。1986 年的春天，徐銤奉召來到北京，參與國家「863」高技術項目的申

報。當徐銤代表快堆項目匯報時，他從理論設計到工程設計，厚積薄發地娓娓道來，贏得了一致的好評。快堆因此列入了「863」國家科研計劃，終於上馬了。

1987 年，徐銤和他快堆組的成員正式從夾江班師回朝。

「我們必須保證建設的是絕對安全的快堆」

建設快堆雖然列入了國家「863」計劃，但並不意味着發展從此一馬平川。1997 年，正當實驗快堆進入初步設計的時候，一則「法國超鳳凰快堆電站壽終正寢」的消息，引發了一些人的質疑：「你們怎麼敢在首都北京建快堆，萬一出了核事故怎麼辦？」

每當遇到質疑和詰難，徐銤就從上到下、八方奔走地去釋疑解惑，做快堆的「科普」工作。

其實，這個問題徐銤他們何嘗沒有想過。徐銤說：「快堆的安全性，一直是我們首要解決的核心問題。早在夾江的時候，我們就在研究快堆的安全性，如遇到意外情況，堆芯會不會燒穿？在不同的環境下，放射性會不會泄漏出來？我們的結

中國第一座實驗快堆。

鄭蔚 攝

論是，快堆在安全性上也是核能領域的『優等生』，而且我們採用的鈉冷快堆，又是技術最成熟的堆型。」

　　縱觀世界核能發展中的意外事故，無外乎三種類型：反應堆不能停堆；堆芯的熱量無法有效地從堆內導出；從反應堆中泄露出的放射性物質沒能包容在電站內部，進入了電站之外的公共空間。

　　徐銤說：「對這幾種事故的預防，正是快堆比其他堆型更優之處：首先，在鈉冷快堆中，我們將反應堆設計為負反饋的堆芯，依靠自身的溫度參數變化能『自動』降低反應堆功率。快堆控制棒組件裏所裝棒束落下行程比壓水堆要短，並且由於快中子反應原理決定，一旦只要有 1 個棒束落下就能對全堆造成停堆效果。我們的快堆設計了 3 套停堆系統來保障反應堆能夠成功停堆，其中有 1 套是非能動的停堆系統。」

　　他邊畫一張實驗快堆的結構示意圖，邊指點講解：「我們的實驗快堆採用『鈉 —— 鈉 —— 水』三回路設計。位於核島的一回路為一體化池式結構，池子中裝滿了兩三百噸鈉液。金屬鈉在常溫下是固體的，但加溫到 98℃就會熔化，變成液體。為甚麼我們不用水來導熱，而用鈉來導熱？因為水的導熱率只有

0.577，而鈉的導熱率是 71.2，納的導熱率是水的 100 多倍。正因為納的導熱率如此之高，所以它會把堆芯中的熱量迅速導出，不僅可將核島的熱功率最大化地轉化為電功率，而且可同時有效地控制溫度，不會因堆芯無法散熱而燒壞。」

實驗快堆堆芯下方是低溫鈉液，堆芯的入口溫度是 360℃，堆芯上方的出口溫度是 530℃。二回路的蒸汽溫度是 480℃，這些都遠遠低於鈉在常溫下的沸點 881.4℃。因此，一回路內只需要保護氣體氬氣有微微正壓即可，這點微壓對堆容器是非常安全的。

實驗快堆還採用了不依賴外部電源和人工操縱的非能動餘熱導出系統，其熱交換器和空冷器連接，完全依靠自然對流和自然空氣循環導出餘熱，從根本上解決了餘熱排出難題。

2011 年 3 月日本福島核電站大事故的原因，就是海嘯破壞了電力供應，導致無法啟動水泵用水給核堆降溫，最終堆芯熔化燒穿，引發高溫蒸汽爆炸，令放射性物質溢出擴散。而實驗快堆的非能動餘熱導出系統因不需要電力和人工干預，可從根本上避免類似事故的發生。

參與實驗快堆設計的俄羅斯專家原本將這非能動餘熱導出

系統設置在二回路的管道上。而徐銤根據「以我為主，中外合作」方針，堅持將非能動餘熱導出系統直接建在主容器的一回路內，一旦發生故障，不必再人工一個個打開閥門，可確保系統立即自主啟動響應。

僅此，雙方專家就在談判桌上各執一詞，互不相讓。歷經3次談判，俄方才接受了徐銤的設計方案。實驗證明，這一創新不僅可行，而且使安全性更為可靠。張東輝說：「徐院士的方案使我國快堆成為世界上第一個唯一採用此方式排出事故餘熱的快堆。因此與世界上已建快堆相比，它是最安全的一座快堆。」

在全體「快堆人」的努力下，2010年7月21日快堆首次臨界；2011年7月21日快堆併網發電，標誌着我國成為世界上第8個擁有快堆技術的國家。是年，已74歲的徐銤當選為中國工程院院士。2014年12月18日，快堆實現了滿功率72小時運行。該堆熱功率為65萬千瓦，電功率20萬千瓦。

「我們的快堆是一個低壓系統，即使在最嚴重的事故情況下，安全殼內的壓力升高也很小，使得比較容易把放射性物質包容在安全殼內，不會擴散到廠區以外。」徐銤說，「在正常

情況下，我們的快堆每年最大放射性為 0.05 毫西弗，僅為國標 0.25 毫西弗的五分之一。」

徐銤反覆強調，實驗快堆的建成是全體設計者和建設者的功勞。該課題研究共獲獎 91 項，其中國家科技進步獎 3 項，已獲專利 80 餘項。

截至 2018 年年底，我國投入商業運行的核電機組共 44 台，裝機容量 44.6 百萬千瓦，我國核電的年發電量為 67914.20 億度，僅佔全國發電總量的 4.22%，大大低於全球發電總量中核電佔比 10% 的平均水平，這說明我國發展核電的空間巨大。

在中國原子能科學研究院的中心花園裏，矗立着錢三強和王淦昌這兩位老院長的塑像，早春的陽光灑在塑像和翠柏上。

60 多年來，共有 60 多位兩院院士在此建功立業。他們似羣星閃耀，令人肅然起敬。

耄耋之年的徐老，一頭銀髮，精神矍鑠，面色紅潤，身板筆挺，語言幽默，略帶江南口音。聊得興起時，朗聲大笑；要緊之處，迅速地在筆記本上查出關鍵數據，思路清晰。那筆記本上的字體，娟秀端莊，真的是字如其人。

　　告辭徐老和他夫人，見那輛從四川夾江帶回北京的「永久」牌載重自行車，依然停在他家門外的牆邊。車身上一張黃色的牌照「京房山 0078009」，格外醒目。掐指算來，徐老騎着它風裏來雨裏去，已有 46 個春夏。

　　「徐老是院士，年事已高，他來上班，按規定院裏要派車的，但他堅持騎自行車。這讓我們很擔心，因為從生活區到工作區路窄車多，已發生過多起交通事故。」張東輝有些擔憂地說。

　　「他們都反對我騎自行車，」徐老笑着說，「我從 80 歲以後就不騎車了，要出門買東西我就推着自行車去。」

　　他還是離不開自行車。就像一頭老黃牛，耕了一輩子的地，已經離不開犁鏵。

　　這時，天上淅淅瀝瀝下起雨來。

　　春雨來了。這一夜，北京胡同裏的柳樹被這雨絲滋潤着。翌日一早，枝條上就萌出了一排排嫩芽。

　　「春耕牛」從心底裏喜歡這春雨呢。

大洋浩瀚，它的最深處究竟有多深？

1960年，美國潛水器「迪利雅斯特」曾在馬里亞納海溝下潛到10916米。10916米的深度，可以「放下」一座海拔8844米的珠穆朗瑪峯，但它是否一定就是全球大洋的最深處？學界尚無定論。

「自古以來，資源的稟賦往往決定着一個國家的實力和未來。」全海深載人潛水器「奮鬥者號」總設計師葉聰説，「海洋深處有數不盡的祕密和寶藏等待着我們去發現。」

2019年9月，中華人民共和國成立70週年前夕，中共中央宣傳部、中共中央組織部等授予載人深潛英雄集體「最美奮鬥者」榮譽稱號。

全海深載人潛水器「奮鬥者號」的目標，是能實現大於萬米的載人深潛。4 年來，「奮鬥者號」潛水器經過方案設計、初步設計和詳細設計，完成了總裝和陸上聯調，於 2020 年 3 月開展水池試驗。在水池試驗過程中，多名潛航員承擔了水池下潛培訓等測試任務。如今，「奮鬥者號」已成功完成了水池試驗，試驗結果表明，該潛水器性能良好，狀態穩定。

葉聰給人的第一印象是沉穩而又平實。無論說到他和團隊遭遇的坎坷，還是贏得的成功，他始終語氣平緩，就如他一貫的風格，似乎他設計的不是堪稱「大國重器」的載人潛水器。這要是平常人，哪怕是想一想要去遨遊海洋最深處的馬里亞納海溝，就該多激動和神往啊！

大家都說葉聰運氣特別好。2001 年從哈爾濱工程大學船舶工程專業畢業，就進了他響往的中國船舶集團第七○二研究所；僅僅兩年後，又當上了「蛟龍號」總佈置主任設計師。

這一切，其實既緣於他趕上了我國載人潛水器快速發展的好時代，也緣於葉聰從小就是個「軍迷」，能親手造潛艇、軍艦是他少年時代就萌發的夙願。

葉聰，1979 年 11 月出生於湖北武漢黃陂。黃陂北面緊靠

大別山的餘脈，歷史上也出過不少名人，有着國人家喻戶曉的「木蘭故里」。黃陂人崇尚技藝，民間多「九佬十八匠」——金匠、銀匠、銅匠、鐵匠、錫匠、石匠、木匠、雕匠、鼓匠、漆匠、皮匠……讓人數不過來，他們篤信的就是本分老實、憑真本事立足四方。

葉聰能保持這麼一份愛好，還得益於他開明的父親。父親葉大羣喜歡讀《文匯讀書週報》，對兒子的志向十分尊重，也從不干涉兒子的課外閱讀，這讓現代化的艦艇，為葉聰打開了無限想像的天地。但父親給他錢訂《艦船知識》《兵器知識》，他偏不肯訂，因為嫌訂閱的雜誌總是姍姍來遲，情願自己每月到報亭去買，以先睹為快。後來他發現，文清路報刊批發市場出刊比報亭還早，所以索性趕到報刊批發市場去買還帶着油墨香的雜誌，完全迫不及待。

1997 年高考，他沒有報本省名校，而是選擇了前身是「哈軍工」的哈爾濱工程大學。對兒子遠走高飛的抉擇，開明的父母親沒有反對。

2001 年，他從哈爾濱工程大學船舶工程專業畢業，進入了遠在江蘇無錫的七〇二所。第二年，「7000 米載人潛水器」

項目啟動，已退休了 6 年的我國深潛技術的開拓者徐芑南，被吳有生院士請回來擔任總設計師。所領導號召說，「新課題、新任務，需要大批新人參與」，葉聰一看徐老都回來當總設計師了，就說：「那就跟着總師幹吧。」

2003 年，職稱還是助理工程師的他當上了總佈置主任設計師，成為整個「7000 米」項目團隊 11 個分系統中最年輕的負責人。按理說，要領銜一個分系統，至少要在所裏吃上五六年的「蘿蔔乾飯」，葉聰何來這麼好的運氣？

「蛟龍號」項目副總設計師胡震說，當時進所的大學生不少，但所裏項目少、收入低，在無錫市屬於中下水平，一些大學生跳槽了。而葉聰心沉得下來，喜歡鑽研，處理問題有條理，讓我們覺得很可靠。

這「總佈置主任設計師」，究竟是幹甚麼的？

「總佈置設計師是船舶建造的一個專門崗位，就是既要負責全部船用設備從船艏到船艉安裝的空間佈局，又要管船舶全生命週期的作業時間流程，比較接近於『造船總體師』的概念。」葉聰解釋道，「這個崗位對我的鍛煉很大，因為要通過成百上千次的計算、分析，編寫報告和繪製圖紙，完成每個設

計階段潛水器最重要的設計文件和圖紙，包括深潛的操作流程和潛水器總圖。這讓我對潛水器的每一個部件都瞭如指掌，對每一個操作環節都能把時間精確地控制到分鐘級別。」

但其實，此時的葉聰還沒有見過真實的深海載人潛水器。

「那時候，我們整個七〇二所只有包括徐總師在內的兩個人見過真的載人潛水器。所以這項目確實是個挺大的挑戰，存在着很多風險。」

也因此，就有媒體說，你們好不容易看到國外電影中偶然出現的載人潛水器，就趕緊模仿。

這說法誇張得讓葉聰笑了：「當時確實凡是能找到的國外載人潛水器的資料，我們都會去認真分析研究，但我們的研發還是從整個項目的目標出發的：首先明確我們的載人潛水器是要用來做甚麼的？實現這個目標需要哪些設備和部件？而這些設備和部件又需要多少能源和多大空間？最後，將這所有的需求，歸結到整個潛水器的耐壓能力、供電能力、驅動能力、資訊反饋和控制能力等。我們從目標出發來層層反推，進行優化。」

一年後，葉聰所在的團隊拿出了「蛟龍號」載人潛水器的

「蛟龍」入海。　　　　　　　　　中國船舶集團第七○二研究所 供圖

草圖，走的是「自主設計、集成創新」的技術路線。

「蛟龍號」當初立項時，還只是個「五年計劃」，計劃 2007年建成結項。但當時，國內船研所還普遍沒有計算機仿真設計、三維建模的能力。2003 年，他們土法上馬造了一個鋼球體模型，裏面的設備用木模代替。但中國深海載人事業對國際水平的追趕，不僅是一家科研團隊的追趕，更是整個深海載人潛水器產業鏈的追趕，談何容易。

首次下水就沉了底，他卻偏不急着浮起來

建造這「深海蛟龍」到底有多難？

最初的下潛深度曾設想為 4000 米，而立項時，為了滿足國家海洋事業大發展的需求，他們將下潛深度改寫為 7000 米。

根據海洋的深度，通常分層為：0 ～ 200 米，海洋上層；200 ～ 800 米，海洋中層……4000 ～ 6000 米，海洋深淵層；6000 米深度以下，海洋超深淵層。

海洋愛好者自然會問：「為甚麼要將『蛟龍號』的深度定在7000 米？」

「如果它能達到 7000 米，那它的深潛能力就已經覆蓋了全球 99.8% 的海域，全球大於 7000 米深度的海域不過 0.2%。這0.2%，通常被稱為『深淵』。」葉聰說，「今天，這深淵對全球的科學家來說，依然存在太多的謎團，有太多的科研和經濟價值。」

雖然「迪利雅斯特」深潛器早就創下了深潛 10916 米的世界紀錄，雖然電影《阿凡達》的導演卡梅隆在 2012 年 3 月獨自一人駕駛着「深海挑戰者號」，潛到了 10898 米的海底，「但這兩種深海載人潛水器都是探險型的，而『蛟龍號』則是作業型的。這區別，簡單地說就是，我們不僅是去看看海底究竟是甚麼樣的，還是可以在海底做科研、幹活的！」葉聰強調說。

2005 年，葉聰終於親眼見到了深海載人潛水器。那次參加中美聯合深潛活動，他有了兩次 2000 米級別的大洋熱液區下潛的機會。「當時，美國科考船上的很多科學家得知我是中國 7000 米級載人潛水器項目的設計師，他們都很吃驚，認為不可思議。因為當時美國人自己的作業型載人潛水器也不過6000 米級別，而且我國當時最好的業績也就是 600 米級別的載人潛水器，一下子要跨越這麼大。」葉聰說，「但這次活動，

對我是一個學習如何高水平地運行管理潛水器的好機會。」

正是這難得的技術和經驗積累，2007 年，當「蛟龍號」需要駕馭它的潛航員時，葉聰毛遂自薦，成為首個潛航員。

「每下潛 10 米，會增加一個大氣壓力，10 個大氣壓等於 1 個兆帕；下潛到 7000 米時，『蛟龍號』就要承受 700 個大氣壓、70 兆帕的壓力。那時，『蛟龍號』每平方米要承受的壓力是 7000 噸。」葉聰說，「由此引起的高壓、密封、腐蝕、絕緣等技術難題，都必須一一突破，稍有不慎，後果不堪設想。」

非專業人士可能不太好理解 70 兆帕壓力意味着甚麼。你知道切割鋼板的水刀嗎？水刀的壓力只有 4 兆帕，4 兆帕就可以切割開鋼板，那還只是「蛟龍號」潛到 400 米時承受的壓力。

曾寄希望 5 年內建成的「蛟龍號」，直到 2007 年冬天才下水。這「下水」還不是下海，只是下七〇二所裏的試驗水池。

「第一次下水池就出現了故障，試驗剛開始，『蛟龍號』應該是中性狀態，也就是漂在水面上的，但突然它沉到了池底，我們都不知道發生了甚麼。儘管事前有各種應對方案，萬一沉底時葉聰應當怎麼自救起浮，但 5 分鐘、10 分鐘過去了，一點動靜也沒有。因為『蛟龍號』在水池裏是沒法和地面通訊聯

絡的，負責人馬上派了好幾個潛水員潛下去看，想知道到底怎麼回事。但直到 20 分鐘以後，『蛟龍號』才浮上來。原來，突發沉底，葉聰也很急，但他首先不是想自己先浮上來安全了再說，而是想先要在水底把故障排摸清楚。就這一件事，讓同事們都覺得他遇險不慌、責任第一、堪當重任。」胡震說。

整個「蛟龍號」，深潛時最危險的是甚麼？

「整個球體的耐壓肯定是最重要的。」葉聰說。

「蛟龍號」是載人潛水器，但它又與潛水艇不同。潛艇的艇身是一體的，人員、動力、裝備都在潛艇的耐壓殼體內；而「蛟龍號」內徑 2.1 米的駕駛艙是個獨立的耐壓球體，它的動力、通訊等設備也都是獨立的系統，有 100 多個水密接插件和電纜通過耐壓球體上的 9 個貫穿件，將駕駛艙與設備彼此相連。

這 9 個貫穿件是「阿基里斯之踵」，萬一泄漏了怎麼辦？

「對啊，這 9 個貫穿件是否經得起 70 兆帕的壓力、不滲漏是關鍵之一。」葉聰說。

怎麼才能知道貫穿件不泄漏呢？

「那時，有人開玩笑說，下潛後，要一刻不停地拿舌頭去

舔每個貫穿件。因為一旦舌頭上有鹹味了，就說明海水進來了。」他幽默地說。

最危險的時刻，他把生命支持系統關了

「『蛟龍』呼叫『向9』，目前潛水器工作正常，請求下潛！」

葉聰在潛水器裏呼叫工作母船「向陽紅9號」上的現場指揮。

從2009年起，「蛟龍號」開始了歷時4年的海上試驗。「這4年的海試經歷，讓我畢生難忘。」葉聰說。

首次海試，「蛟龍號」還沒有潛下去，就和「向陽紅9號」失聯了，無線電通訊怎麼也聯繫不上。

原來，無線通訊有個「蘋果波效應」，無線信號的發射天線位置越高，天線底下的信號就越差，而「蛟龍號」恰恰就在「向陽紅9號」船邊的海面信號盲區位置。

後來，試驗隊想出了絕招，索性將無線通訊天線正對着海面漂浮的「蛟龍號」，自嘲是「海上的中國移動」。

但無線信號在水中的傳遞效果依然很差，無法將數字再還

葉聰完成深潛任務後，勝利出艙。

中國船舶集團第七〇二研究所 供圖

原為語音。他們不得不臨時採用最原始的「摩斯電碼」救急，以保持聯絡。而如今，他們已經用上了最先進的聲吶通訊方式。不僅可以傳輸語音，還可以傳輸圖像。

深潛的感受如何？

「『蛟龍號』裏沒法安裝空調，所以如果我們是夏天深潛海試的話，一關上頂上的艙門，溫度就會有 38 ～ 40℃，但通常我們是顧不上熱，因為潛水器相對船舶來說太小了，海浪和洋流讓它劇烈搖晃。海船上一般會有一個『搖擺鐘』，一根指針指示着船體的搖擺幅度，通常 13 度就是『驚慌角』，超過 13 度船上的人就開始難受緊張了。而『蛟龍號』最大的縱橫傾達到過 60 多度，很多人都吐了。」葉聰說。

下潛後，「蛟龍號」反而平穩了。

下潛速度是 1 分鐘 40 ～ 50 米，比每分鐘升降 60 ～ 100 米的電梯速度要慢。海水中的陽光從有到無，300 米以下基本漆黑一片。深度 1000 米以下，基本看不到大型海洋生物了。水溫也隨之下降，潛到 3000 米，艙外水溫大約是 8℃，而艙內是 20℃；到水深 7000 米，艙外是 2℃，而艙內降到 10℃，必須穿加厚的工作服了。

潛得越深，是不是故障發生就越多？

「恰恰相反。我們發現從 1000 ～ 3000 米，是深潛的一個門檻，大多數故障都出現在這個區段。而 5000 米以下，反而越來越順利，海底也越來越寧靜，洋流也越來越平穩，真的是深水靜流。」

葉聰說：「我們之前說的防止貫穿件泄漏的難題，在潛到 1500 ～ 2000 米時就出現了。當然不是靠舌頭去舔，而是通過測量貫穿件和外殼之間的阻抗變化來發現的。奇怪的是，當潛水器上浮到 1500 米以上，泄漏報警就消失了，再潛下去不到 2000 米，就又泄漏報警了。這怎麼辦？不解決這個問題不能再往下潛了啊。」

邊海試，邊發現問題，邊排除故障，邊改進設計，不解決問題不深潛。這是「蛟龍號」海試的鐵律。

怎麼找到故障原因呢？唯有回到發生故障的深海去。胡震說，葉聰非常不容易，反覆將「蛟龍號」潛到 1500 米以下，等故障再次發生後，一個系統一個系統地查找原因。這是非常危險的。因為他必須先把系統關了，停運，測試，再啟動，再測試，這些系統也包括生命支持系統，關了風險非常大。但葉聰

膽大心細，連續查找了幾天後，終於查出了故障原因，海試才得以繼續進行。

還有一次險情發生在從 300 米深潛上浮過程中，作為潛水器動力電源的蓄電池「砰」的一聲突然爆炸了。葉聰沉着應對，駕駛「蛟龍號」平安返回母船。他和有關專家一起研究分析，事故癥結終被破解。

正是「不准帶問題下潛」的海試，將「蛟龍號」深潛中可能出現的問題大都解決在 3000 米以上，到了 5000 米以下，反而很順利。

2012 年 6 月 24 日，葉聰駕駛的「蛟龍號」潛水器首次潛到了 7020 米。「蛟龍號」深潛 7000 米，下潛 3 個半小時順利抵達。拋第一組壓載鐵，取得「中性浮力」，懸浮在海牀之上，作業完畢後，再拋第二組壓載鐵，仍以 3.5 小時的速度平安返回海面。

目前，全世界下潛深度超過 1000 米的載人潛水器只有 12 艘。而能下潛超過 6000 米的潛水器，只有中、美、日、法、俄這五國擁有。其中，能有深海懸停功能的深潛器，唯有中國一家。「深潛器必須能應對外部洋流衝擊和克服自身作業的影

響，才能實現深海懸停；而只有深海懸停，才更有利於海底科考作業。」葉聰說，「如果『蛟龍號』今天在 7000 米海底放下一把扳手，只要經緯度準確，明天肯定能把它再找回來。」

2017 年 12 月，服役 10 年的「蛟龍號」進廠整修升級。它總共下潛了 158 次，首席潛航員葉聰駕駛了它 50 次。

葉聰覺得自己最對不起的就是父母了。2016 年，他父親住院需要做心臟手術，他只在醫院陪護了一周。父親一出院，他就參加「蛟龍號」在太平洋的試驗性應用航次去了。

而他團隊中的另兩位年輕設計師劉帥和姜旭胤則認為「葉總設計師是孝子」。就是那次葉聰父親住院時，正好有項目材料必須儘快報科技部，結果他倆好幾次半夜一點鐘趕到醫院，和陪夜的葉聰就在醫院走廊的燈下修改文件，他倆回到所裏都凌晨 3 點了。

有人問葉聰，你在海試時沒有害怕過嗎？

「有一次 5000 米深潛上浮時，因為風浪太大，『向陽紅 9號』兩個小時都沒有找到我們。而我們的舷窗都是向下的，既不見天、又不見船。和母船失聯後，在茫茫大海中真覺得自我的渺小和無助，體會到甚麼叫『滄海一粟』。」

2009 年，葉聰擔任了 4500 米級載人潛水器「深海勇士號」的副總設計師。歷經 8 年艱苦攻關，研製終獲成功。他任總設計師的全海深載人潛水器「奮鬥者號」已於 2020 年建成。

2018 年，他被任命為七〇二所副所長；年底，黨中央、國務院授予他「改革先鋒」光榮稱號。

在取得一項項成功、成為被公眾關注的「高光行業」後，葉聰又在想甚麼？

「說真心話，我覺得今天的環境與我們當初太不同了。當初，我們就是為了造『蛟龍號』而拼命努力，整天滿腦子想的就是怎麼解決難題，怎麼才能不失敗，因為困難確實太多了，誰也沒有想到榮譽。而今天國家給的榮譽這麼多，我們的心還要靜得下來，回到當年的心態，這是個考驗。」他說。

「奮鬥者號」建成後，你們還會去哪裏深潛？

「肯定是在大洋深處啊。『奮鬥者號』是全海深載人潛水器，顧名思義，就不會以『萬米』為限。過去我們去不了的『海溝』，未來，就會是『奮鬥者號』奮鬥的地方。」葉聰笑着說。

責任編輯　楊紫東
裝幀設計　龐雅美
排　　版　龐雅美
印　　務　劉漢舉

少年讀中國系列

國之重器

鄭蔚 / 著

出版 / 中華教育

香港北角英皇道 499 號北角工業大廈 1 樓 B 室
電話：(852) 2137 2338　傳真：(852) 2713 8202
電子郵件：info@chunghwabook.com.hk
網址：http://www.chunghwabook.com.hk

發行 / 香港聯合書刊物流有限公司

香港新界荃灣德士古道 220–248 號荃灣工業中心 16 樓
電話：(852) 2150 2100　傳真：(852) 2407 3062
電子郵件：info@suplogistics.com.hk

印刷 / 美雅印刷製本有限公司

香港觀塘榮業街 6 號海濱工業大廈 4 樓 A 室

版次 / 2023 年 1 月第 1 版第 1 次印刷

©2023 中華教育

規格 / 16 開 (210mm x 148mm)

ISBN / 978–988–8808–57–1